Cómo hablar con un progre

Cómo hablar con un progre

Por qué, en lugar de hacerla desaparecer, la socialdemocracia incrementa la pobreza

GLORIA ÁLVAREZ

EDICIONES DEUSTO

Deusto es un sello editorial de Centro Libros PAPF, S. L. U.
Grupo Planeta
Av. Diagonal, 662-664
08034 Barcelona

www.planetadelibros.com

ISBN: 978-84-234-2571-6
Depósito legal: B. 2.930-2017
Primera edición: marzo de 2017
Segunda edición: abril de 2017
Preimpresión: victor igual, sl
Impreso por Romanyà Valls
Impreso en España - *Printed in Spain*

A mi Mamá, quien sin saberlo me preparó para superar todos los ataques e insultos que conllevan atreverse a luchar por la libertad.

A mi Papá, el piloto que me enseñó a volar desplegando mis alas, sin nunca olvidarme de cómo aterrizar.

A mis abuelos, quienes me inculcaron que la riqueza mental es el único tesoro que nadie jamás te puede expropiar.

A Gonzalo, mi hermano «Progre». Por ese año en Leuven lleno de discusiones seguidas de un fuerte abrazo que se repiten cada vez que el destino nos reúne.

A todos los que saben que ahí donde se intercambian palabras, dejan de intercambiarse balas.

Sumario

Introducción

La sociedad actual se ha convertido en un escenario complicado de entender, y que no vamos a lograr comprender si no nos alejamos del discurso políticamente correcto que está predominando. Un problema que no es propio de una sola sociedad, sino que, como la peor de las plagas, se extiende a lo ancho y a lo largo del globo terráqueo introduciéndose, cual Caballo de Troya, en la esencia de cualquier mesa familiar, bar, programa de radio, columna de prensa, tuit o *post*.

No es difícil encontrar las causas, pero es complicado hallar las herramientas correctas. La absoluta falta de valores (y no me refiero aquí a los valores conservadores que llaman a odiar a los gais o a hacerse los ciegos ante las drogas y el aborto), de principios claros (tampoco hablo de los principios de nuestros abuelos de permanecer casados ante el escándalo del divorcio, o de soportar infidelidades) y, sobre todo, de una conciencia crítica y analítica sobre la realidad hacen fácilmente permeable el discurso buenista del que el progresismo ha hecho su seña de identidad.

Un discurso que, en palabras de Valentí Puig, «se desentiende del conflicto porque siempre hay fuerzas exteriores y malignas a quienes atribuirles el mal. El mal de todos no existe, sino el "buenismo": la agresividad es una entelequia porque sólo se puede dar la agresión del imperio contra la colonia, del gran capital contra el "okupa", del sistema contra la solidaridad de las ONG. La confluencia de sentimentalismo y vestigios utopistas, a veces empaquetado todo en nuevas versiones del viejo izquierdismo y otras como indicio de idealismos emocionales todavía por definir, ya es un factor de la vida política, y a la vez condimento de la antipolítica».[1]

Este discurso infantil y maniqueo, que hace un par de décadas parecía sólo propio de los populismos iberoamericanos que muchos ciudadanos sufrimos desde hace décadas, se extiende hoy por todos los países encontrando, en sociedades intervenidas y silenciosas ante las acciones de los gobernantes que van sin oposición, terreno abonado para volverse dictadores electos de manera democrática.

No pretendo sacar a los progres de su error. En el mejor de los casos, como ya ha pasado con muchos «exprogres», su propia realidad les hará darse cuenta de que cuando quieres ser respetado, lo primero es respetar. Que cuando no quieres que te impongan ideas, lo primero es no imponer las tuyas. Y ojo, que imponer ideas no es escribir libros o hablar en las redes sociales. Al fin y al cabo, quien no quiera leer tu libro no tiene por qué hacerlo y quien no quiera verte en sus redes sociales no tiene más que hacer clic y bloquearte, y con ello ignorarte. Imponer ideas es alabar a quienes a punta de pistola fusilaron a quienes no comulgaban con las suyas. Imponer ideas es escribir manifiestos donde justifiques quitarles la vida a otros porque tienen un empleo distinto al tuyo. Imponer ideas es no aceptar más voluntad que la tuya. Cuando pides diálogo, lo primero es ser capaz de dialogar. En definitiva, cuando pides, lo primero que tienes que estar es dispuesto a dar.

Sí pretendo en cambio ofrecer una guía que ayude a identificar a esa nueva vieja izquierda que se cree moderna, traducir su

1. Puig, Valentí, «La estrategia del buenismo», en Puig, V. (coord.), *El fraude del buenismo*, FAES, Madrid, 2005, pp. 11-12; puede consultarse en <http://www.fundacionfaes.org/file_upload/publication/pdf/20130425174837 el-fraude-del-buenismo.pdf>.

lenguaje e indicar pautas para poder comunicarse con ella. No aspiro a que después de estas páginas se comprenda lo incomprensible, pero sí que tengamos una guía de supervivencia en este mundo «bienintencionado», paternalista e igualitario en el que pretenden hacernos vivir «libremente».

1

Aproximación al progre

El progre es una figura tan universal que es fácilmente reconocible. Da igual dónde lo situemos, sus rasgos son tan definitorios que, salvo leves «adaptaciones» nacionales, identificarlo será fácil, y ésa es nuestra primera tarea cuando hemos de interactuar con él.

El progre, como todos hemos podido ver cuando nos tropezamos con ellos, es de clase media o alta, con ideas de izquierda, y cierta inquietud intelectual. Es un burgués que no reconoce serlo, que no renuncia a su vida cómoda, pese a que dichas comodidades materiales que tanto aprecia vienen de su principal enemigo: el capitalismo. Pero nadie dijo que el progre viva de forma coherente con sus ideas; de hecho, es uno de sus rasgos característicos allí donde lo encontramos.

Sus denominaciones son diversas, pero todas reflejan la misma realidad:

- En España se les llama, entre otras denominaciones, rojos o izquierda caviar.
- En México les llaman chairos o pejezombies...
- En Cuba, comecandela.
- En Guatemala, comanches, guerrilleros de cafetería o socialistas de las zonas 10 y 14.

- En El Salvador, izquierdosos, zurdos, farabundistas, terengos, frentudos, ninis (ni estudian ni trabajan).
- En Nicaragua, piricuacos o caramiadas.
- En Costa Rica, chancletudos.
- En República Dominicana, zurdos.
- En Colombia, mamertos.
- En Perú, un progre adinerado es un caviar, un progre de la masa es un socialconfuso.
- En Venezuela, robolucionarios, boliburgueses, ñángaras, chaburros, chabestias.
- En Ecuador, zurdos o comunachos, chinos o borregos, chupa medias o perrunios.
- En Bolivia, masistas (partidarios del MAS) o sus sinónimos más usados, llunkus, amarrawuatos.
- En Argentina, progres o zurdos, *hippie* con Osde (Osde: Obra social).
- En Chile, rojos, comunachos, zurdos, monos, progres, cuico progres o socialistas de balneario.
- En Paraguay, zurdos.
- En Uruguay, socialatas, tupas, bolches, chinos, suciolistas, fracaso amplistas o fraude amplistas, zurdos caviar.
- En Brasil, esquerdistas, esquerda caviar o mortadelas.

El jurista estadounidense G. Gordon Liddy definía al progre como «aquel que se siente profundamente en deuda con el prójimo y propone saldar esa deuda con tu dinero». En 1970 Tom Wolfe, que los denominó «radical chic», nos daba de ellos una perfecta descripción. En un artículo publicado en el *New York Magazine*[1] tras una fiesta en el lujoso apartamento de Leonard Bernstein en Manhattan, en la que de hecho se coló,[2] reflexiona-

1. Puede encontrarse el texto en el siguiente enlace: <http://nymag.com/docs/07/05/070529radical_chic.pdf>. Podemos leerlo también en sus libros *Radical Chic and Mau-Mauing the Flak Catchers* (*La izquierda exquisita* y *Maumauando al parachoques*, Anagrama, 1988), y en *The Purple Decades. A Reader*.

2. Puede encontrarse la referencia aquí: <http://niemanstoryboard.org/stories/annotation-tuesday-tom-wolfe-and-radical-chic/>.

ba sobre cómo la actividad de las élites sociales se dirigía más a revestir una postura de izquierdas que a mostrar una verdadera convicción política por la misma. Su comportamiento reflejaba más una idea de ganar prestigio social o incluso de limpiar culpas que una auténtica creencia en dichas ideas.

Así, criticaba como la cultura de clases que tienen estos progres les llevaba a considerarse en monopolio de una virtud conseguida a través de sus actos políticos de defensa de determinadas causas sociales. Una virtud que han de mostrar siempre y en todo caso al mundo, que toman como elemento de conducta y que sirve para diferenciar al que puede entrar en sus círculos del que no. Porque, no nos engañemos, ser progre no es fácil, y ser reconocido, admitido e incluido en círculos progres lo es aún menos. Hay que demostrar ciertas aptitudes para ser considerado, por ellos mismos, dignos del «carné de progre pata negra».

Por supuesto, un buen progre que se precie nunca reconocería su incoherencia. Para ellos conducir un coche último modelo de gran cilindrada es compatible con hacer del ecologismo una causa, con defender las muy dudosas democracias rusas, venezolanas, ecuatorianas o iraníes, con defender derechos de las mujeres u homosexuales, con abogar por el laicisimo mientras se defiende la religión islámica y al tiempo se ataca a judíos y a católicos. Por eso no les molesta la disonancia cognitiva que a los defensores del sentido común nos produce cuando nos enteramos de que Daniel Ortega es accionista de las principales industrias nicaragüenses, que Rafael Correa manda a censurar canciones en la radio, películas en la televisión o noticias en la prensa.

De hecho, es precisamente lo que criticaba Wolfe; mientras los progres o «radical chic» defienden la paz, el diálogo o el respeto a las minorías, son capaces de recaudar fondos para asociaciones como los «Black Panthers», aquellos para los que Bernstein pedía financiación en la fiesta a la que se refería Wolfe en su artículo. Lo mismo ocurre con causas más graves, como el terrorismo. Así, se puede decir que se lucha contra él pero al mismo tiempo se justifican los ataques de Hamas a Israel, porque en este caso son autodefensa; o denominar al grupo terrorista ETA «movimiento de liberación», y a sus presos, «presos políticos» sin sonrojarse.

Y qué decir de los derechos humanos. Puede defenderse cualquier causa en base a la quiebra de un derecho humano (lo sea o no, ya que su confusión sobre la naturaleza de los derechos les impide diferenciarlos y califican cualquier necesidad material que consideren que ha de existir como derecho humano) pero al tiempo defender, apoyar y tomar como ejemplo a países que tienen en la violación de los mismos su seña de identidad internacional. Por eso para el progre es condenable que un Pinochet haya acabado con la vida de cerca de tres mil opositores, pero para nada es considerado un crimen a su juicio los miles que Ernesto, Che, Guevara fusiló confesando el placer que le daba hacerlo en sus cartas a su padre.

Ningún progre ha salido del pueblo pobre: todos son hijos de la burguesía acaudalada

Este comportamiento de clase, aunque vistan sus reivindicaciones de clase obrera, tiene como consecuencia también que su entorno acomodado o muy acomodado les ofrezca una seguridad económica y personal que favorece su dedicación a la lucha por los derechos del pueblo desde la calidez de su domicilio, con la ayuda de su Mac y su iPhone último modelo. Porque si las personas de izquierdas de toda la vida usan la pancarta, la chapa en la solapa y las manifestaciones como forma de protesta, el kit básico del progre es un móvil, un hashtag y una sentada en una plaza bien armado de cerveza..., aunque una buena manifestación nunca será rechazada.

Si bien sus formas no son las de la izquierda a la que estamos acostumbrados —esa izquierda ortodoxa de costumbres reivindicativas—, sí comparten con ellos escenarios y causas. De hecho, una manifestación es un plan al que no dudan en sumarse y es habitual ver como intentan mezclarse con ellos en sus tradicionales algaradas, y tampoco dudan en gritar sus consignas, aunque luego las discusiones tengan lugar en bares con un desaliñado pero muy cuidado aspecto diseñado por algún decorador —por supuesto, progre— con un carísimo gusto por lo antiguo, lo francés y seguramente la fotografía, en lugar de cafeterías de barrio o locales vecinales con carteles comerciales y calendarios adornando las paredes.

Lo que sí es común en estas discusiones, más allá de los escenarios, es el odio al capitalismo, el rechazo a Estados Unidos o la simpatía hacia los populismos, que normalmente abrazan. Porque si algo tiene el progre es su deseo de abrazar a cualquier salvador mesiánico que haga del rechazo al capitalismo que al tiempo le financia una bandera que poder enarbolar como hacían los progres de antaño, a finales de los años sesenta, en Europa y gran parte de América con el Che Guevara, Castro, Perón o Allende; e incluso hoy lo hacen con el primero. El primero, de hecho, y a pesar de sus deméritos, no ha salido nunca de su iconografía.

Porque al igual que estos «libertadores» lo hicieron con su pueblo —aunque lo lograran a base de violencia, crímenes y violación de libertades una vez alcanzaron el poder—, ellos han venido para redimirnos. Se consideran en posesión de una superioridad ética y moral y nos perdonan por nuestros pecados, fruto sólo de nuestra ignorancia, pero no dudan en darnos motivos para alcanzar su fe, comunicarnos su catecismo y hacernos comulgar con sus ideas.

Su causa es ayudarnos, sacarnos de nuestra ceguera. Una ceguera en la que hemos caído todos presos por culpa del capitalismo como sistema económico, el liberalismo como meta política y occidente como entorno social. Así, al igual que los protagonistas de la novela de Saramago, un día nos levantamos todos ciegos, nos contagiamos la incapacidad de ver, y ellos son los que nos van a reeducar hasta que expiemos nuestros pecados y volvamos a ver el mundo como el progre considera que hay que verlo. Queridos lectores, lejos de criticar su adoctrinamiento hemos de dar las gracias porque nos hagan partícipes de su catecismo.

Un catecismo cuya primera lección es que tenemos que odiar al capitalismo y a Estados Unidos como máxima expresión del mismo. De hecho en el imaginario progre el capitalismo es nuestro pecado capital. Comimos de la manzana y fuimos castigados a vivir como seres imperfectos en un mundo dominado por las fuerzas ocultas del capitalismo y en el que, al igual que los países nórdicos son una suerte de cielo en la tierra, Estados Unidos es el mismísimo infierno. Ellos ya han identificado los siete pecados capitales que nos impiden alcanzar la tierra prometida:

1. El dinero.
2. La medición del esfuerzo.
3. La competitividad.
4. La meritocracia y el esfuerzo.
5. El afán de superación.
6. La propiedad privada (no eres dueño del fruto de tu esfuerzo ni del producto del sudor de tu frente).
7. La libertad de pensamiento.

Éstos son los grandes obstáculos que nos impiden alcanzar el paraíso del progre. Sin duda, manejar estos conceptos te facilitará mucho tu trabajo a la hora de comunicarte con un progre.

¿Podemos decir que realmente el progre cree en todo ello? Francamente, no me atrevería a decir que es así. Mucho menos a decir que viven exentos de esos siete «pecados».

Los movimientos de izquierda de la segunda posguerra europea creían que era posible cambiar el mundo en el que vivían. Hoy lo siguen creyendo, y de ahí que veamos en ellos a unos insensatos idealistas que siguen pensando que un mundo colectivizado es la solución a los males a los que el capitalismo los ha condenado, a pesar de que la historia les demuestra una y otra vez que su utopía sólo conduce al totalitarismo de uno u otro signo. ¿Cómo explican esta dicotomía? Simple: Ninguno de los países que han acabado en totalitarismos realmente implementó la utopía progre como tal. Dando una explicación bastante incongruente pero lo suficientemente sencilla para no ser cuestionada por nadie, el progre simplemente te dice que el verdadero comunismo nunca ha existido. Es que todos los que han intentado el socialismo verdadero se han desvirtuado. Falta que aparezca el mesías verdadero que no tenga intereses personales para que implemente la agenda de Marx tal cual él la describió.

Ignoran y desconocen por completo que de hecho Marx jamás dejó explicado cómo se daba la transición de la Fase I a la

Fase II del comunismo. Y lo que hemos visto implementado en la URSS, en la China de Mao, en Vietnam, en Cuba, en Corea del Norte, en Venezuela, y en más de la mitad del territorio del mundo que ha implementado paso a paso la agenda comunista de Marx, es que al finalizar los pasos de la Fase I, en lugar de llegarse a la Fase II, el país primero llegó a niveles de genocidio nunca antes vistos, a niveles de escasez y miseria nunca antes experimentados y a un total subdesarrollo y violaciones de los derechos humanos.

Pero el progre sencillamente descarta todos esos experimentos atroces diciendo que sus resultados no tuvieron «nada que ver» con los verdaderos ideales colectivistas y que lo que hay que hacer es «intentarlo una vez más con el líder adecuado» para que ahora sí funcione.

Por eso, con la misma agenda fracasada pero con líderes nuevos, un Pablo Iglesias en España o un Manuel López Obrador en México aún se escuchan como esperanzas prometedoras.

Incomprensiblemente, los movimientos de izquierda que mencionábamos creen aún en ello, aunque mayoritariamente no vivan conforme a ello, pero mantienen un discurso rousseauniano en el que siguen definiendo la bondad del ser humano y la utopía socialista como una forma mejor de sociedad. Eso sí, tampoco ellos se quieren ir a vivir allí y de hecho nunca lo hacen.

En cambio, el progre sufre más de infantilismo, y de ahí su acérrima defensa del Estado como padre protector al que hay que dar todos los poderes ya que es el mejor para encargarse de proteger nuestros intereses.

No olvidemos que estos progres son pobres niños de clase media alta que han crecido con todas las comodidades, a las que no renuncian. Desde el mismo Marx, que a partir de los treinta y un años pasó a ser un mantenido económicamente por su esposa y su fiel amigo Engels,[3] pasando por el *modus vivendi* de Ernesto Guevara, por los colegios privados de Fidel Castro o los líderes guerrilleros marxistas en Centroamérica, ningún progre ha sali-

3. Vídeo #SocialismoPaMilenials, <https://www.youtube.com/watch?v=qp9O2lvrhO4>.

do del pueblo llano. Todos los progres son hijos de la burguesía acaudalada. Pero están convencidos de su mejor derecho para decirles al resto cómo han de vivir, a quién han de ayudar, qué causas han de apoyar y qué han de pensar porque, gracias a que ellos están luchando, todos vamos a poder elegir entre la colectivización de la pobreza o la pobreza colectiva, entre el pensamiento único o la uniformidad del pensamiento, entre la asfixia del igualitarismo o el igualitarismo asfixiante.

Deberíamos darles las gracias por su lucha, ya que sin ellos nuestra libertad para elegir existiría, y eso, como todos sabemos, no es bueno, porque si algo sabe el progre de bien, el progre de raza, es que elegir es malo y que todos somos unos ineptos para hacernos responsables de las consecuencias de nuestros actos.

Sí, puede resultar raro, pero piensen en cualquier progre que conozcan y en sus luchas, siempre reclamando más de otro, prefiriendo que otro nos diga qué hacer, abogando por el intervencionismo estatal porque decidir por uno mismo, dejar que las sociedades elijan y que sean estas elecciones lo que, en definitiva, se oferta y deja de ofertarse, no está entre las opciones del progre.

Elegir es malo, es una de las máximas que tenemos que tener en cuenta al intentar hablar con un progre, y siempre será mejor que sea otro, sobre todo si ese otro es el Estado, el que elige por ti.

A su juicio, la libertad de elección es siempre negativa, ya que no asumen que elegir implica también renunciar e incluso asumir errores, algo que nunca hace el progre. Cualquier proceso de elección tiene un cierto margen de incertidumbre, mayor o menor según la elección; no siempre se cuenta con toda la información, y en numerosas ocasiones según la elección se puede obtener uno u otro resultado, y eso tampoco les gusta. Ellos sólo consideran causa-efecto en la elección, y si el efecto no es el deseado es porque no han elegido, aunque lo hayan hecho.

Ciertamente, y en eso hemos de darles la razón, no siempre elegimos en un escenario de certeza absoluta, pero poder elegir en situaciones de información incompleta es, en todo caso, siempre mejor que no poder elegir. Lo que pasa es que al progre no le gusta admitir una realidad, y lucha con todas sus fuerzas por evadirla: en la vida no hay garantías de nada. La vida es un proceso de decisiones. La primera decisión consiste en si vamos a escoger ser víctimas de lo que nos sucede o protagonistas que, ante lo que nos sucede, decidimos la actitud con la cual enfrentar dichas circunstancias.

Pensemos en la siguiente situación: llevamos a un niño a una juguetería, y le decimos, elige un juguete, el que quieras pero sólo uno. El niño, como cualquier niño, tiene tendencia a quererlo todo. Quizá le guste más un juguete que lleva tiempo deseando, pero una vez le dejamos en la tienda le gustarán otros muchos. Entonces quizá el niño llore, se enfade e intente negociar otro juguete, pero advertido de que es uno o ninguno, el niño elige porque sabe que si no, no hay juguete. ¿Qué queremos decir con esto? Que el niño acepta una elección óptima, quizá no la mejor, pero que ya mejora en cualquier caso su situación frente a la posibilidad de quedarse sin nada.

El buen progre, en cambio, abrumado por la dificultad de decidir ya que ha perdido la costumbre de hacerlo —de hecho, quizá ni desee hacerlo porque ya no sabe cómo hacerlo—, elegirá pero se quejará. Lo hará porque no habrá conseguido el que quería, porque al salir ve otro juguete más valioso en el que entonces no reparó, por supuesto, por culpa de otro, o, en definitiva, porque no tenía un barómetro de cuestiones a tener en cuenta a la hora de elegir: le dimos total libertad y no supo qué hacer con ella. La falta de costumbre.

Pero a menudo es incluso peor: para ellos hablar de libertad de elección significa conseguir lo que quieren, no aceptan que no exista esa causa-efecto. Volviendo con el ejemplo, si les decimos «elige cualquier juguete» y en ese momento viene otra persona que elige el juguete que pensaba elegir el progre, siempre dirá que no ha podido elegir porque alguien se llevó lo que él quería. ¿Significa ello que no ha podido elegir? Según su respuesta, sabrás su mayor o menor disposición hacia el progresismo.

Suponemos que esto ocurre porque en su tierra prometida entendemos que la escasez no es algo que pueda ocurrir, lo cual puede tener una lógica ya que si el dinero puede crearse creciendo en los árboles sólo con desearlo, ¿por qué no hacer lo mismo con las cosas materiales? Pero lo que olvidan es que los recursos son siempre finitos y que elegir, tener la posibilidad de hacerlo, no siempre supone lograr el objetivo, lo que no obsta para que puedas elegir.

¿Y por qué ocurre esto? Porque asumen derechos pero nunca obligaciones, sacrificios o consecuencias, como las que implica elegir. Ellos han renunciado a su capacidad de elegir. De hecho, éste es uno de los primeros aspectos de su libertad a los que renuncian y no lo hacen porque sí, lo hacen porque paradójicamente eligen que sea otro el que decida por ellos, el Estado, y, aún más paradójico, al tiempo que ellos eligen no elegir el resto nos vemos afectados por sus decisiones y, queriendo elegir, nos vemos constreñidos por un aparato burocrático, confuso y elefantiásico que impide que podamos decidir sobre casi cualquier aspecto de nuestra vida. Pensemos en el sistema de pensiones: casi nadie puede elegir si desea que el Estado se quede con una parte de su salario todos los meses y «se lo guarde» para, en el mejor de los casos, recibir una parte en el futuro en lugar de que seamos nosotros, si queremos, los que decidamos si queremos o no ahorrar para nuestra jubilación.

Sí, somos conscientes de que elegir es un acto revolucionario y si queremos tener buena relación con los progres hemos de dejar que sean ellos los que lo hagan por nosotros, porque lo hacen por nuestro bien y para ello dejan la elección en manos del Estado. Será él quien decida dónde está mejor tu dinero, si puedes disponer de más o menos para tu consumo personal o si puedes asegurarte o no tu futuro —y de qué forma— al margen del control que ya ejerce. A veces, el Estado se preocupa incluso de nuestro menú. El Ministerio de Sanidad español, bajo las órdenes de la socialista Elena Salgado, comenzó una cruzada contra la grasa que en 2006 tuvo como objetivo la campaña de publicidad de menús XXL iniciada por Burger King. Para el ministerio, estos menús de hamburguesas gigantes suponían un ataque directo a la salud y a la vida de los ciudadanos. Calorías, grasa y muerte hacían necesaria su intervención y pidieron la retirada de la campaña. La empresa contraatacó y presentó la hamburguesa triple whopper. Entre sus dos panes se encontraba el arma definitiva, en forma de 1.090 calorías. Se hizo notar, además, que estas calorías suponen hasta el 70 por ciento de las necesidades calóricas diarias de un niño de cinco años. Ni que decir tiene que al Ministerio (Estado) no se le pasa por la cabeza que, a lo mejor, un padre decide no darle a su hijo de cinco años una triple whopper ni que alguien se la coma porque le apetece, o incluso que otra persona se compre tres menús normales para engullirlos de golpe. Y menos aún, que el propio individuo piense que una hamburguesa de este estilo no le aporta nada, no se la compre y así las leyes del mercado actúen. Al lector no progre no le sorprenderá que, unos días después de la polémica, un periódico titulase: «Burger King se "come" la triple whopper"». Y, citando a un camarero de uno de los restaurantes: «¿La triple whopper? Lleva tres días a la venta y prácticamente no nos han pedido ninguna».[4] Al progre le cuesta entender, y lo veremos a lo largo del libro, que el individuo puede elegir, informarse, tomar su decisión, ¡incluso equivocarse!, sin necesidad de que el Estado le diga aquello que debe hacer, comer o pensar.

Esta idea de que ellos saben mejor que tú lo que te conviene se traslada a todos los ámbitos y les hace considerarse en virtud de una moral superior que les lleva a considerar que todo lo que ellos no son, piensan o hacen es siempre un enemigo a destruir.

Su aversión y rechazo a las diferencias naturales entre individuos —de ahí su pasión por el igualitarismo, pese a que lo vistan de igualdad— y a la libertad en toda su extensión lleva a categorizar, criticar e intentar combatir todo lo que se aleje de su ortodoxia «buenista» sobre cómo ha de ser el mundo: esa utopía progresista de consenso (entiéndase, «siempre y cuando coincida con lo que yo pienso»), tolerancia (entiéndase, «siempre y cuando no piense lo contrario que yo») y diálogo (entiéndase, «sólo si eres progre»).

Decía Ayn Rand que no es posible hacer entrar en razón a quien piensa de forma automática. Y no lo intentaremos. Como ya hemos dicho, no pretendemos convencer al progre de sus errores, pero en este mundo «buenista» en el que nos están obligando

4. <http://www.eleconomista.es/empresas-finanzas/noticias/110797/11/06/Burger-King-se-come-la-triple-whopper.html>.

a vivir se nos hace imprescindible saber identificarlos y poder comunicarnos con ellos en un lenguaje que les sea comprensible.

Podríamos seguir desgranando estas características pero a ello dedicaremos las páginas siguientes. Pretendo acercar al lector al mundo del progre desde un triple eje: 1. quién es y qué piensa, 2. cuáles son sus temas y 3. cuál es su objetivo.

Una vez que hayamos identificado a un progre, para lo que daremos al lector unas pistas fundamentales, es preciso saber comunicarnos con ellos, y para ello es necesario aprender el lenguaje de lo «políticamente correcto», pero también conocer sus gustos e intereses.

Una vez hemos aprendido lo básico, tenemos que conocer sus temas y qué piensa uno sobre ellos. Ya hemos dicho anteriormente que en cualquier conversación con un progre hemos de asumir que en virtud de su superioridad moral ellos están siempre en posesión de la verdad. No tratemos de convencerlos. El tiempo, las experiencias de la vida, viajar y, en los casos menos graves, leer y conseguir un criterio propio, harán lo que nosotros ahora no podemos. Ahora bien, no podemos convencerlos pero sí saber cómo persuadirlos y llevarlos a lo absurdo de sus planteamientos. A los progres hay que ponerlos en jaque como lo hacía Sócrates, cuestionándolos y llevándolos a un lugar que nunca han visitado: aquel en el que confrontan las últimas consecuencias de sus postulados.

Debemos tener en cuenta que el origen de los progres hemos de situarlo en las protestas de finales de los años sesenta. En aquella época las sociedades occidentales podían decir que ya habían superado las calamidades de la guerra y crecían a un ritmo que sólo veinte años antes se hubiera considerado complicado. Esto provocaba también un cambio en las relaciones internacionales causado por los avatares de la Guerra Fría.

A pesar de que el dominio europeo y estadounidense no había sido cuestionado desde el final de la segunda guerra mundial, los grandes cambios políticos, económicos y sociales de los años sesenta fueron acompañados de un cuestionamiento del papel de las potencias occidentales, sobre todo de Estados Unidos, en las antiguas colonias, especialmente sobre los últimos territorios independizados en América Latina, Asia y África. La revolución cubana y el auge de los movimientos de izquierda en Latinoamérica y la guerra de Vietnam en Asia serían los acontecimientos que concitarían mayores apoyos en Europa y Norteamérica, que se tradujeron en una oposición a la hegemonía occidental, la solidaridad con las antiguas colonias y el Tercer Mundo, la oposición al imperialismo, y el pacifismo.

A estos acontecimientos sumamos unos profundos cambios culturales que retroalimentaban estos cambios sociales. El nacimiento de la sociedad de masas conlleva también un mayor, más fácil acceso y mejor intercambio de información entre los jóvenes de las distintas sociedades, los verdaderos adalides del cambio en esta década, pero también caldo de cultivo para el asentamiento de nuevas corrientes de pensamiento que iban surgiendo desde la cultura *underground*, y que criticaban la sociedad de consumo y el mundo capitalista de la posguerra.

Los progres, que nacían ligados a estos movimientos, han mantenido desde entonces sus mismas consignas. El buen progre es ecologista, pacifista, feminista, antiglobalización, antiimperialista y pro Tercer Mundo. Si lo piensan, el progre es, además, paritario, tolerante, dialogante, busca el consenso, lucha por los derechos humanos, por la mejora de las condiciones de vida del planeta..., es, además, culto y carismático. El progre es nuestro modelo de ser humano.

Estos temas, vestidos de un lenguaje políticamente correcto, constituyen el segundo bloque al que prestaremos atención antes de pasar a describir el mundo por el que lucha el progre, su tierra prometida. Este mundo se caracteriza por el consenso y el diálogo, en definitiva, por el talante. Una actitud necesaria para llegar a la tierra pro(gre)metida, el Estado del Bienestar.

Pero hasta un progre es consciente de que necesitamos la economía para subsistir, si bien su comprensión alcanza sólo a esta afirmación ya que no hay más que ver cualquier país gobernado por el progresismo para darnos cuenta de que su idea de la economía se aleja mucho de lo que debería ser una economía eficiente, bien dirigida y que fomenta la actividad económica. Es la antieconomía.

Su modelo está basado en la alta intervención pública; impuestos altos; creación de empleo por parte del Estado, que ha de ser el principal empleador, a pesar de ser el más ineficiente; defensa de los derechos del obrero —retórica que no abandonan—; crítica feroz al empresario (verdadero creador del empleo que piden que el Estado cree), y rechazo al mercado, un voraz agente que, según los progres, sólo existe para hacerles la vida imposible a los obreros que quieren vivir de su trabajo, como si el empresario, por ejemplo, no quisiese lo mismo y no se viese afectado también por la mala gestión y la coacción a su iniciativa, que, en este caso, el progre pretende imponer.

Pero si hay un tema fundamental en el que todo progre tiene una misma visión son las relaciones internacionales y el papel de cada Estado en ellas. Así, la regla de oro, a la que ya nos hemos referido, es que Estados Unidos es el causante de todo el mal que nos acecha. Es el centro del eje del mal y el causante de cualquier daño que nos haya ocurrido desde que el mundo es mundo.

Por el contrario, el modelo a imitar son esos paraísos bolivarianos de libertad en los que comprar un bien de primera necesidad se convierte en un imposible, pero no importa. Viven bajo la protección de un caudillo, que es la mejor forma de vivir, la máxima expresión del Estado omnipresente que anhelan. Un Gran Hermano como el imaginado por Orwell en su célebre novela que es hoy una cruel e inquietante profecía autocumplida cada vez que en el mundo se revive una *Rebelión en la granja* o se repite un *1984* en pleno siglo XXI.

2

El progresismo como ideología y forma de comportamiento

Si hablamos del progresismo como ideología que propugna una mejora en las formas de vida de los ciudadanos, pocos podríamos poner objeciones a la misma. En sí misma, sin entrar en formas utópicas, es tan necesaria como deseable y no es muy diferente de otras, si bien diferimos radicalmente en la forma de lograrlo. Cualquier persona razonable no puede hacer otra cosa más que defender la igualdad entre hombres y mujeres y un adecuado reparto de la riqueza del mundo para que todas las personas puedan desarrollarse y alcanzar sus sueños.

Ahora bien, si hablamos del «progre», o del «progresismo», como veremos en estas páginas, no nos estamos refiriendo a tal, como pudiera suponerse, sino que estamos hablando de una forma de entender la realidad que se transforma en forma de vida y que se caracteriza, sobre todo, por una relativización moral y social, una forma de ver la vida basada en la imagen, y por el maniqueísmo como bandera.

Este último aspecto es el más fácil de contemplar. Todo progre de bien sólo tiene dos formas de ver las cosas: blanco o negro, «lo que yo pienso» o «contra lo que yo pienso». No hay más, así de simple y así de complejo. Deliberadamente olvidan la enorme escala de grises, así como todas las cuestiones que hacen que cualquier decisión de la que hablemos pueda verse desde diferentes prismas, ninguno necesariamente más válido que otro.

Quizá es en este aspecto donde radica el mayor de los problemas, ya que el progre envilece sus posicionamientos de tal forma que si tú no compartes su fórmula para alcanzar un objetivo común, directamente pasas a ser un enemigo. Lamentablemente, no hablamos sólo de un enemigo ideológico; para el progre pensar diferente significa que defiendes unos intereses ocultos y que tu única intención es boicotear sus «buenos propósitos». Una premisa fundamental del progre es que las cosas son como él las ve, y si no las ves igual, serás sometido al escarnio, el insulto y el rechazo, porque como hemos mencionado ya, y veremos, el progre está en el mundo para enseñarte la verdad, su verdad, redimirte, sacarte de tu confusión y llevarte a su tierra pro(gre)-metida.

Éste es uno de los puntos que hacen más complicado mantener una conversación sensata con un progre. Hay que tener claro siempre una cosa, el progre no razona, sólo ve extremos, y hacerlo es una pérdida absurda de tiempo y energía. Es más provechoso llevarlo a su propia contradicción. Tampoco cambiará de opinión; como cualquier secta, ésta también entra hasta el tuétano y no es posible el raciocinio. Ahora bien, por el camino, al menos, le habremos provocado a pensar y le habremos mostrado lo bien que sienta hacerlo. Y, por qué no decirlo, hemos pasado un rato agradable viendo cómo retuerce hasta el absurdo su argumento para intentar razonar una cosa y la contraria.

Ridiculizar a un progre es sencillo, pero también comporta ciertos riesgos. Tengamos en cuenta que son personas que se creen en posesión de la verdad más absoluta y que, además, siempre que se vean acorralados por el peso de la razón, disponen de una serie de frases hechas que manejan como si fueran mantras y que son capaces de aplicar en cualquier momento. En una situación así verá el lector que la simpleza del pensamiento progre siempre puede escudarse detrás de la influencia que los medios de comunicación tienen en la gran mayoría de la población (menos ellos, claro), en teorías conspiranoicas, que siempre ganan fuerza si detrás están los norteamericanos y su malvada maquinaria imperialista o los oligarcas y «la casta», y en última instancia siempre está el manido y socorrido «no tienes ni idea de lo que estás diciendo» que para muchos progres es más que un *leitmotiv*.

Porque si algo va a caracterizar su comportamiento, y enlazamos con otras de las cuestiones planteadas, es que todo tema es relativo, depende de cuándo preguntemos y de quiénes sean los actores en escena. De hecho, todo para un progre es relativo: el contexto, lo que haya dicho el ideólogo de referencia del momento, o lo que le sirva o no para justificar su comportamiento, que, como ya sabemos, siempre es correcto.

Hay cuestiones sobre las que el progre traza líneas rojas (término que le encanta utilizar), y son sus líderes y referentes morales, aunque su actuación no sea precisamente así. A pesar de su relativismo, sus dioses son inmutables. Lo vimos en vivo y en directo con la muerte de Fidel, cuando no se dudó en exaltar las bondades de un dictador que condenó a los cubanos a vivir en la miseria más absoluta, careciendo de lo más básico para la vida, sin ningún tipo de recursos y careciendo de lo más importante, la libertad. Pero todo ello bien adornado por el progre de bien señalando que tienen una buena sanidad, uno de esos dogmas tan aprendidos por todo progre que se precie, como que el mejor sistema educativo es el finlandés, aunque en términos de resultados las distintas clasificaciones internacionales llevan años indicando que los países asiáticos son el modelo a seguir. Pero no intente que un progre cambie de parecer.

Cuidado, el progre no sólo es capaz de defender una idea hasta el final sin importar que su razonamiento sea falso o carente de toda base probatoria; para el progre, más allá de la defensa de un determinado concepto, lo más importante es su propagación. Citando los dos ejemplos anteriores, el «buenismo» instalado en la sociedad nos ha llevado a aceptar las teorías progres de personajes como Fidel Castro. Con motivo de su muerte, la mayor parte de la prensa del mundo occidental dedicó páginas enteras a glosar la existencia del dictador. No hablamos sólo de medios tradicionalmente considerados de izquierdas, medios de posiciones más centristas e incluso tildados en otros momentos como «prensa de derechas al servicio del régimen» (*progres dixit*), hemos visto elogios desmesurados y una ausencia total de una visión crítica de la realidad socioeconómica en Cuba. En el caso de Finlandia, el ejemplo es casi más duro. Me atrevería a decir que a casi el 99,9 por ciento de las personas, de cualquier ámbito social, que se les preguntara por el mejor sistema educativo del mundo, responderían que Finlandia. Es decir, ante una ausencia de conocimiento, el progre aprovecha para establecer su mensaje como única verdad. Desgraciadamente, muchas veces lo consigue.

Lo llamativo en estos casos resulta como su llamada a la alarma y a la movilización en unos sitios si se produce una carestía en algún bien, se torna en justificación y alabanza si ello ocurre en Cuba o en Venezuela. Nunca oirá a un progre sacar sus pancartas a la calle cuando se producen violaciones de los derechos humanos en Venezuela, por ejemplo, o cuando, en ese mismo país, conocemos carestía de productos de higiene o alimentación básica. Tampoco los verán salir a la calle si, como ocurrió en 2016, en Turquía se produce un golpe de Estado encubierto.

No; sus pancartas sólo sirven para protestar si, por ejemplo, gana Trump, cuya victoria, como todos hemos visto, no ha supuesto la llegada del apocalipsis (pero no dudaron muchos en bramar su salida de Estados Unidos si eso ocurría). Parece que ninguno ha emigrado aún, y tampoco lo querían hacer a sus países amigos, como Colombia, Cuba, Venezuela o Bolivia. Lo querían hacer a Canadá. Con todo, las extensas fronteras canadienses no se han visto desbordadas por estadounidenses progres, porque al igual que pueden alarmar y decir que emigran si luego se quedan, encaja igualmente en su argumento, porque es progre y pueden defender una cosa y la contraria. Siempre y en cualquier caso.

Lo realmente curioso no es ya lo que mi vecino el progre comente en un bar, sino que vemos a personajes públicos adquirir un posicionamiento y un compromiso con el ánimo de influir en la mayor cantidad de personas posibles. No obstante, ni siquiera su condición de personas públicas y, por lo tanto, ejemplo de comportamiento para muchos, hace que los progres prefieran el análisis razonado a la demagogia más evidente. En muchas ocasiones, basta con que haya un micrófono, una entrega de premios o cualquier acto público para que esas personas nos digan al resto de los humildes ciudadanos lo que tenemos que pensar, hacer o votar. Estaría bien que aquellos que nos aleccionan sobre nuestra vida pudieran presumir de una vida ejemplar de respeto a los demás, convivencia y responsabilidad, pero no son pocos los ejemplos de este tipo de personajes públicos que se ven salpicados por casos de evasión de impuestos, problemas con la justicia o conductas indecorosas.

Pero comprendamos que tienen que hacer esto, porque la falta total y absoluta de fundamentación, criterio y coherencia se compensa con una imagen «buenista» y cuidada que hace que permee en el imaginario colectivo, y a partir de ello, encuentren vía libre para cualquier acción. Resulta de hecho llamativo cómo lo consiguen, y no negamos que es una de las cuestiones que nos causa mayor sorpresa, e incluso estupefacción, cuando vemos cómo opera.

Pensemos sino, por ejemplo, en el movimiento (o como queramos calificarlo —ninguna nomenclatura conocida los define claramente—) Podemos en España. De todos es conocido, y así, además, lo explicamos Axel Kaiser y yo misma en nuestro libro conjunto *El engaño populista*, cómo su ascenso se debe, entre otras cuestiones, a su conexión con los populismos totalitaristas latinoamericanos. Sin embargo, una cuidada imagen y un discurso tan «buenista» como pulido, donde la gente sustituye al pueblo como concepto, han calado incluso en sectores que se pensaba que no podían hacerlo.

Pero sin pensamos en el discurso de Podemos, veremos como entre sus múltiples ejes, en ocasiones contrapuestos, está el de las mujeres. Ello no ha sido óbice para que, entre tanta llamada al feminismo progre más rancio, en sus cuadros dirigentes escasee la presencia femenina, hasta el punto de que el penúltimo asalto al poder llevado desde dentro llevaba por bandera una mayor feminización de Podemos. Porque, como sabemos, y si no lo explicaremos en las siguientes páginas, un argumento de autoridad para cualquier progre es que si no hay suficientes mujeres, es una estructura machista, heteropatriarcal y discriminatoria. Poco importa si la valía se prueba; importa el sexo, o el género, por usar su terminología.

Pero en este absurdo de su postura feminista se encuentra también como el que ante cualquier crítica a una de sus correligionarias masculinas saltaban cual manada de lobos hambrientos a una presa, ahora, si es uno de sus líderes quien escribe que azotaría a una mujer, no hay condena que se precie, que para eso es el amado líder cuya suprema bondad no es cuestionada, y al que todo se descontextualiza porque las terribles fuerzas del fascismo, el mismo que ellos imitan, lanzan falsos bulos para evitar el empoderamiento de la gente.

No conviene confundir, el progre carece de muchas cosas y sus razonamientos se corresponden con una lógica que roza el absurdo; pero si hay algo que no son, es tontos. En el discurso progre hay un elemento que prevalece y que termina resultando extremadamente dañino. Se trata del lenguaje, o más bien, de la utilización del lenguaje como arma de adoctrinamiento. El fenómeno Podemos en España, uno de los últimos y más claros ejemplos, ha logrado introducir en el debate público términos y conceptos que han moldeado a su antojo. El ejemplo más palmario es el del «gobierno de la gente». Abrazados a la más absoluta de las soberbias, sus representantes se erigen en portavoces de una ciudadanía supuestamente oprimida, y lo que es peor, transforman sus opiniones políticas en un deseo de la mayoría.

La habilidad de los progres para convertir su mensaje en el centro del debate público está basada fundamentalmente en una ideología política construida como un producto que hay que comercializar. El progre hoy es un experto en marketing político, son herederos de los vendedores ambulantes, comerciales del bálsamo de Fierabrás que todo lo cura. Ante todo prevalece la imagen, no importa que lo que digas o lo que hagas sea bueno o malo, esté bien discernido o sea una ocurrencia, hoy lo que importa es que sepas vender mejor que nadie lo que has hecho, aunque no hayas hecho nada. Los progres, en esto, no tienen rival, son los mejores.

Sin entrar en más detalles sobre su forma de pensar, que iremos desgranando, la pregunta que nos sugiere es por qué surge, y sobre todo, por qué surge ahora con tanta fuerza esta visión progre y cómo enlaza con el populismo, con el que en ocasiones poco se diferencia.

Podrían decir algunos que no sería justo calificar de populismo o no sin diferenciar de los populismos de otro signo político —y quizá no falte razón—, pero sí hay una diferencia fundamental entre lo que podríamos llamar populismo de derechas o incluso conservador, que existe, del de izquierdas, que es mayoritario, y es esa idea de superioridad moral la que definen, y propugnan, los segundos.

Es complicado ver una única causa que explique por qué en la última década han surgido con fuerza estos movimientos, aunque podemos encontrar una que resume a su vez varias, y es lo que podríamos denominar «la crisis de las ideologías». Afecta a todas por igual, si bien unas parecen resistir no sólo mejor que otras, y unas han demostrado ser más permeables que otras a estos ataques de buenismo extremo y extremista que otras.

Así, en la última década, o incluso antes en algunos países, hemos visto como las sociedades han evolucionado desde unos principios que se consideraban arraigados y que daban lugar a unas instituciones sólidas y bien cimentadas, a una banalización de todo en pro de lo fácil, rápido y sencillo. La evolución tecnológica y la generalización de las redes sociales como herramienta de comunicación provocan que la sociedad viva presa de la inmediatez y del mensaje sencillo y directo.

La crisis económica, de hecho, no hizo sino acentuar esta tendencia. Así, y amparados en la inmediatez de las redes sociales, estos movimientos mostraban al mundo un discurso posibilista pero irreal que en situaciones de dificultad o escasez empezaba a calar ante la ausencia de discurso de otras formaciones, lo que podemos observar como fenómeno a nivel global.

Así, con el triunfo del pensamiento positivo en el que todo era posible sólo con desearlo, en el que la tolerancia a la frustración perdía sentido y valor, y en el que triunfaban los derechos como absolutos frente a los deberes y las responsabilidades, el campo estaba abonado para su irrupción. Lo que, además, encontraba un entorno perfecto ante la renuncia de muchos a contrarrestar estas opiniones.

Así, los gobiernos de corte socialdemócrata y progresista iniciaron un terrible camino que ha derivado en la situación actual, una política de titulares y globos sonda en la que importa más que el mensaje no moleste que contar las cosas como son. En la que prima conseguir la imagen de un líder mesiánico que la de un gobernante dispuesto a solucionar problemas. Y, además, lo hemos asumido no sólo como normal sino como alejado de toda crítica. Las ideologías tradicionales, sobre todo la socialdemocracia, han dado por perdida la batalla ideológica sin ni siquiera llegar a disputarla. En este caso, el mensaje progre cala y, en vez de combatirlo desde el análisis y el razonamiento crítico, se ha optado por un enfrentamiento estéril que se termina por convertir en una carrera por ver quién es más progre.

De hecho, cuando Obama, primer gran exponente de esto que comentamos, a quien se le «perdonó» ser americano por ser afroamericano (hablemos con propiedad, hay que irse acostumbrando), lanzó su programa sanitario conocido como «obamacare», nadie se molestó en ir más allá y analizarlo. A los ojos del resto del mundo, se vendió como un programa que venía a solucionar los problemas de los estadounidenses que, pobres ellos, no se habían nunca molestado en querer de verdad un cambio, y venía Obama para lograrlo. El que fuera su gran mensaje se ha demostrado con el tiempo que es una gran mentira, pero no oirá usted a ningún progre decirlo. Ya lo habíamos advertido, no importa si lo que haces está bien o mal, importa lo bien que lo has vendido.

Es una gran mentira por su origen, ya que las similitudes del programa de Obama y de la propuesta de Clinton —lo que Hillary de hecho reclamó como suyo tímidamente en la campaña presidencial estadounidense de 2016, que para sorpresa de los progres del mundo entero perdió— son más que notables. Pero lo importante es que este programa no significaba sino un parche al actual sistema que no sólo no ha conseguido sus objetivos, sino que se ha traducido en un aumento desmedido del gasto público que no es precisamente la política más adecuada en tiempos de escasez. Pero a ello volveremos.

La cuestión es que lo que importaba al pensamiento progre es que el mesías de turno venía a salvar al pueblo estadounidense, a la gente; venía a decidir por ellos si tener o no tener un seguro...;

de hecho, les decía que tenían que tenerlo lo quisieran o no porque eso era bueno. Y se aceptó.

Y no sólo se aceptó, cualquier crítica al mismo era tomada como un ataque contra la gente, contra el pueblo, fruto de un capitalismo salvaje al que poco le importa la gente, sino el mercado.

Lo que sorprende de esta deriva, y en parte es lo que considero que ha permitido la permeabilización del pensamiento progre, es que se asumió como bueno y nadie salió a explicar lo contrario. Porque evidentemente no se trata sólo de decirlo, se trata de hacer también pedagogía pero a contrario sensu. Es este camino el que se debe recorrer ahora. La clase política debe retomar con valentía un discurso elevado, alejado de cuestiones simplistas de corto recorrido. No hay que tener miedo a contar a la opinión pública la verdad. La labor pública exige hoy un compromiso absoluto con la responsabilidad y dejar de lado el buenismo que sólo busca el aplauso fácil.

Ése es el camino que se ha abierto con Donald Trump, un hombre que, con todos sus defectos —los liberales también sangran cuando se les pincha—, ha revolucionado el panorama de la política estadounidense y mundial, y está aterrorizando a los progres de todo el mundo. Su triunfo, en el que ninguno de estos progres creía (proclamando con soberbia que su «simpleza» lo incapacitaba para ser presidente de la nación más poderosa del mundo), es una prueba más de que hay una mayoría social dispuesta a elegir la libertad cuando se le habla con claridad, cuando se aparta lo políticamente correcto y se llama a las cosas por su nombre.

Trump ha reivindicado la capacidad individual de los ciudadanos para lograr su propia felicidad, de la que la Constitución estadounidense habla. La capacidad de los ciudadanos para decidir sin imposiciones, para gastar su dinero sin que el Estado intervenga en ello, para construir una sociedad en la que nadie determine lo que los demás deben hacer. Ahora que ya es presidente y que pone en marcha su programa para «hacer grande de nuevo a América» nos parece increíble que durante toda la campaña se creyera imposible que alguien de su perfil, con sus ideas y con su franqueza política, no tuviera posibilidades de lograrlo. Lo insólito es que no haya surgido antes alguien así.

3

Los ismos

El progre, por definición, es pacifista, ecologista y feminista, pero también es en estos movimientos donde se puede observar la peligrosa naturaleza de su pensamiento y su tendencia a instalar su posicionamiento en la categoría de verdad absoluta. De nuevo nos encontramos con conceptos que el progre hace propios y los utiliza para poner de manifiesto su superioridad sobre cualquier tipo de ideología.

El progre camina dos palmos por encima de la tierra porque es el más pacifista, el más feminista y el más ecologista. No importa en estos casos que su razonamiento sólo alcance a la superficie de movimientos complejos; es más, aprovecha su vaga concepción de algunos de ellos para crear una tormenta ideológica que confunde al interlocutor pero en la que él vive con tremenda comodidad. Buen ejemplo de ello fue el efecto creado, que aún pervive, con el cambio climático y la campaña en beneficio propio de Al Gore.

Todos estamos en completa sintonía con grandes aspiraciones como la de conseguir la paz en el mundo, alcanzar la igualdad entre mujeres y hombres o propagar el respeto a la madre naturaleza. Hay metas que pertenecen al conjunto de los seres humanos. Sin embargo, el progre retuerce estos ideales y olvida que todo gran logro tiene que ir acompañado de un sacrificio de la misma altura. Para alcanzar una meta hay que recorrer un camino y superar obstáculos, pero el progre prefiere siempre una senda tramposa en la que olvida que la lucha por la paz, por ejemplo, no es patrimonio suyo.

El pacifismo

La Real Academia Española define el pacifismo como «movimiento a favor de la abolición de la guerra como solución a los conflictos entre naciones». No hacen falta más explicaciones ya que, como todo el mundo puede entender, la paz es un bien anhelado por todas las personas más allá de sus tendencias políticas y la gran mayoría de los habitantes del planeta desearía el fin de cualquier conflicto armado.

Los orígenes del movimiento pacifista se encuentran vinculados al movimiento *hippie* en Norteamérica, y quizá vivió su momento de máximo esplendor con las manifestaciones y movilizaciones que solicitaban el fin de la intervención armada de Estados Unidos en Vietnam. La burda utilización del lema «Haz el amor y no la guerra» sirvió para abogar por una desmilitarización de los Estados y como punto de partida a todo tipo de reivindicaciones que se postulaban en favor de la paz sin analizar motivaciones de un determinado conflicto.

Hay que decir que si hubo un momento histórico donde fue un poco lógico ser progre fue en los años sesenta. Después de la segunda guerra mundial, Estados Unidos entra, en la década de los cincuenta, en un modelo de bonanza económica amarrado al concepto unitario de la familia conservadora, cristiana y de principios morales donde el divorcio no era opción, la mujer permanecía siendo ama de casa, el hombre trabajaba, los niños iban a la escuela (segregada entre blancos y negros) y la vida transcurría a la manera en que la han retratado películas como *Regreso al futuro*, *Pleasentville* o *Las mujeres perfectas*. Entran el conflicto en Vietnam, la revolución sexual que trajo la píldora anticonceptiva, Elvis, The Beatles, la marihuana y el LSD, y ese modelo de la típica familia conservadora estadounidense es rechazado por el movimiento *hippie* que pide, a gritos, paz, sexo, drogas y *rock and roll.* Y mientras los republicanos conservadores se quedaron con su racismo, machismo y conservadurismo moral, los demócratas abrazaron los derechos civiles para los negros, las mujeres y los homosexuales en una época donde la libertad económica se dividió de la libertad civil. Las mejores figuras que acuñaron esto fueron Rosa Parks, Martin Luther King y los Kennedy. Por eso los demócratas en Estados Unidos acuñaron la palabra «liberal». Y cuando en los años setenta surgió un grupo que vio más lógica en unir el libre mercado de los republicanos con las libertades civiles que estaban abrazando los demócratas, recurrieron a utilizar el término *libertarian.* Filosofía con la que esta autora se identifica.

Durante muchos años el pacifismo progre deambuló en la insustancialidad hasta que en el año 2003 se produjo un resurgimiento en muchas partes del mundo, pero con especial incidencia en Europa —y sobre todo en España—, con la intervención internacional en Iraq para derrocar al dictador Sadam Husein. Llama la atención poderosamente cómo cualquier persona se manifestaba abiertamente en contra del mandatario iraquí y cómo se censuraban sus actuaciones. Sin embargo, el progre banalizó la situación posicionándose abiertamente en contra del uso de las fuerzas armadas. Aunque las motivaciones para esta actuación se disfrazan bajo el paraguas del pacifismo, no es menos cierto que bajo la pretensión de la paz se escondía el odio visceral que el progre destila hacia todo lo que tenga una mínima relación con Estados Unidos (excepto por las bandas de música, las zapatillas All Star, la tecnología Apple, los viajes a Miami, Nueva York o San Francisco, y las películas). La situación vivida en España en ese momento se agravó ya que, valiéndose del pretexto de la llamada guerra de Iraq, el progre supo canalizar el sentimiento de rechazo que algunos sectores de la izquierda española sentían hacia el presidente del gobierno en ese momento, José María Aznar.

El denominado movimiento «No a la guerra» sirvió para que muchos expresaran la frustración que sentían ante el gobierno de una derecha española que había superado sus complejos y que anteponía el bienestar común y el desarrollo económico evitando cualquier servidumbre ante la izquierda más rancia. Incapaz de asimilar que el buen desempeño del gobierno minimizaba las posibilidades de que la izquierda volviera al poder, el progre apeló de nuevo a los sentimientos más primarios para movilizar a sus fieles. No sólo eso, bajo el pretexto del «No a la guerra» fueron muchos los «iconos» del movimiento progre los que aprovecharon para sacar la cabeza del agujero y volver a reclamar un posicionamiento social preeminente que ni su talento ni su trabajo habían conseguido darles.

Actores y cantantes fueron su máxima expresión plástica, politizando cualquier gala de entrega de premios durante aquella época. Porque si un progre es hombre de costumbres, también lo son la mayoría de los actores o aspirantes a serlo y gente de la cultura en general, buscando mejorar su posición a base de un posicionamiento político junto a lo políticamente correcto, como de hecho conocen bien en Estados Unidos, precursores de este tipo de apoyos desde la cultura al poder político, imitado —o mal imitado— en Europa.

En la defensa del pacifismo, así como en otras cuestiones, el progre está acostumbrado a vivir en el alambre de la contradicción permanente. En este caso de nuevo el derrocamiento de Sadam Husein nos sirve de punto de partida de la esquizofrenia progre frente a la paz. De un forma simplificada, el progre estaba en contra de una actuación internacional conjunta para el derrocamiento de un sanguinario dictador con el objetivo de instaurar un sistema democrático en Iraq que sirviera para el desarrollo económico del país y el bienestar personal de sus gentes, pero son esos mismos progres los que años después aplaudieron a rabiar la calificada como «Primavera Árabe» en la que ciertos sectores de países como Túnez, Libia o Egipto, con diferentes motivaciones, promovieron revoluciones populares para alcanzar el poder.

La Primera Árabe fue defendida por el progre como el legítimo derecho de un pueblo a conquistar su libertad. La realidad del movimiento y el paso de los años nos otorgan una visión adecuada de lo sucedido esos años en los países afectados por estos movimientos. En algunos casos se han conseguido instalar sistemas más o menos democráticos, pero son más los territorios que ahora mismo sienten haber cambiado un régimen nefasto por otro peor, y no son pocos los que lamentan que la revolución haya servido para la radicalización e islamización de países hasta la fecha moderados. Todo esto sin contar con los duros y sangrientos procesos de guerra civil que afectaron, sobre todo, a la población. Sin rubor, el progre vuelve a esconderse y de la misma forma que alabó esos supuestos levantamientos populares olvida cínicamente las consecuencias y el sufrimiento al que han tenido que hacer frente los ciudadanos, muchos de los cuales vemos hoy.

El infantil posicionamiento del progre en contra de la utilización de la fuerza militar llega hasta nuestras fechas y con, desgraciadamente, dolorosas consecuencias para la sociedad occidental.

Pero he aquí otra de las absurdas contradicciones del pensamiento progre. En el mundo hay quince mil armas de destrucción nuclear repartidas entre nueve países del mundo. Son precisamente los Estados (el grupo de burócratas de turno a cargo del monopolio de la fuerza en un país en un momento determinado) utilizando el dinero que los contribuyentes aportan, los que deciden utilizar fuertes cantidades de millones de dólares y euros para emplearlos en asegurar nuestra mutua destrucción. Esas armas no están ahí por «la mano invisible» del mercado. Esas armas están ahí porque es tanto el dinero pagado en impuestos y tan destructiva la visión de los políticos que no les basta con una o dos bombas nucleares. Hace falta tener una cantidad absurda como para destruir miles de planetas tierra. Pero nunca vemos al progre diciendo: «Quizá si le diésemos menos dinero a los gobiernos, o al menos exigiéramos que ya no se utilizara nuestro dinero para seguir adquiriendo bombas nucleares, entonces los recursos podrían usarse para fines más pacíficos y productivos».

Hoy en día el mundo civilizado se encuentra bajo la amenaza permanente del ataque terrorista por parte de elementos pertenecientes a grupos como Daesh o Al-Qaeda. España, Reino Unido, Francia y más recientemente Bélgica y Alemania, se han convertido en escenarios del más absoluto e inútil horror por obra y gracia de una pandilla de desalmados. Sin embargo, pese a ser los primeros que expresan su solidaridad con las víctimas a través de las redes o llevan flores de recuerdo a los asesinados, el progre está en contra de que se combata sobre el terreno el desarrollo y el entrenamiento de los terroristas que después atentan en territorio occidental.

Es muy frecuente que el progre justifique su negativa a la utilización de la fuerza amparándose en que la solución debe partir de los propios ciudadanos, y que ponga sobre la mesa la necesidad de aumentar el gasto en la cooperación internacional o la implementación de misiones humanitarias. Una vez más, busca una solución sencilla a un problema complejo y obvia que si la acción humanitaria es vital, la combinación de programas de ayuda con el refuerzo militar es quizá la única herramienta que permitirá combatir el crecimiento y el auge de los movimientos radicales que hoy pueblan el cercano oriente.

El horror de la guerra civil en Siria es quizá el último capítulo del pacifismo de salón que pregonan los progres, que intentan lavar su conciencia desplegando pancartas y buscando la foto con el refugiado que acogen, pero sin proponer soluciones reales. El drama de los refugiados o la destrucción total de ciudades son sólo los ejemplos gráficos de la extensión injustificada del buenismo progre, y ponen de manifiesto la idoneidad de una intervención precoz como método más fiable para erradicar la propagación de elementos radicales.

No debemos, sin embargo, circunscribir el pacifismo progre a los conflictos internacionales. El progre defiende la paz, pero a la vez defiende el uso de la violencia cuando se utiliza para defender su ideología política. En estos términos es en América Latina donde hallamos ejemplos de muchos tipos de violencia que son justificados abiertamente por los progres. Desde los casos más evidentes que ofrecen las dictaduras de Cuba o Venezuela podemos saltar a la corrupción instalada en el régimen argentino de los Kirchner, a las violentas amenazas y los atentados perpetrados por la Cámpora manejada por el hijo de Néstor y Cristina, o a la degradación sufrida por Brasil, un país que apuntaba a potencia económica y que hoy es un cúmulo de despropósitos políticos, sociales y económicos por obra y gracia de los idolatrados Lula y Dilma.

El progre está en contra de la guerra, pero justifica el encarcelamiento de presos políticos, la emigración forzada o la represión política, que no dejan de ser prácticas violentas. Para el progre, la violencia ejercida desde gobiernos a los que se siente vinculado ideológicamente es simplemente justicia.

En América Latina el caso más reciente ha sido la firma de los acuerdos de paz en Colombia. Aunque el progre en teoría se opone a la dictadura totalitaria, Cuba (siendo un país donde no hay democracia desde hace casi sesenta años) entra en el ideario del progre como el paraíso en la tierra. Para el progre los fusilados por el Che Guevara en La Cabaña se justifican porque las ideas del Che eran más valiosas que las vidas de quienes a esas ideas se oponían. Sin embargo, les parece detestable que el régimen de Pinochet haya asesinado a dos mil setecientas personas. Esa Cuba, llena de presos políticos, de personas que arriesgan su vida en balsas hechas de desechos para escapar, de prostitutas que entregan su cuerpo a cambio de un paquete de toallas sanitarias, de ingenieros que prefieren ser taxistas y de médicos que son enviados como esclavos al resto de países sin recibir salario, es un paraíso en la tierra que no tiene ningún fallo.

Esa Cuba fue el escenario en el cual el presidente Juan Manuel Santos y los líderes de la más peligrosa, sangrienta y multimillonaria de las guerrillas latinoamericanas, las FARC, dispusieron iniciar las negociaciones para supuestamente firmar la paz y ponerle fin al conflicto más antiguo heredado de la Guerra Fría en el continente. Todo lo que suene a un mundo feliz donde la utopía es posible es una bocanada de aire fresco para el progre. Por lo cual fue lógico que el progre estuviera pendiente en sus redes sociales de insultar, humillar y llamar «vendepatrias», «proguerra», «uribista», o «sanguinario» a todo aquel colombiano que se le ocurriera cuestionar si realmente habría paz en Colombia cuando hay otros grupos guerrilleros que siguen secuestrando personas, cuando los líderes de las FARC van a quedar en total impunidad, cuando los acuerdos incluyen decisiones económicas como expropiaciones que a su vecina Venezuela la han llevado al desastre humanitario, y cuando incluso guerrilleros con crímenes comprobados recibirán puestos políticos en el Senado y en el Congreso con privilegios que ningún partido político en Colombia tiene. Por eso el progre se molestó cuando en Colombia ganó el «No». Incluso fue frustrante cuando detrás de la bandera de los derechos gay trataron de vender la firma de la paz como algo bueno para la comunidad homosexual y la votación del «No» como un acto de los homofóbicos más conservadores de ese país. El progre no está interesado en profundizar ni analizar las condiciones bajo las cuales un acuerdo se firma. Poco le importa que Cuba, la dictadura más larga de la historia de la humanidad, se utilice como sede de un proceso supuestamente democrático en nombre de la paz. Le importa sólo su propaganda.

Ecologismo

El ecologismo, o el movimiento verde, es una amalgama de corrientes que a grandes rasgos comparte como principios comunes la defensa del medio ambiente y la preservación de la naturaleza. Lamentablemente, el progre ha extendido su telaraña sobre este ideal tergiversando su objetivo y lo ha emparentado con su eterna lucha contra el poder económico y el capitalismo.

El ecologismo progre, además, ha iniciado un camino enfocado al posicionamiento mediático de las causas más allá de la efectividad de sus protestas. Es decir, es preferible lograr colocar una pancarta con un lema en defensa de la naturaleza en el telediario antes que llevar a cabo acciones reales que contribuyan a la preservación del medio ambiente. Embarcados en esa guerra, el progre escoge siempre objetivos con gran repercusión en los medios de comunicación para efectuar sus protestas y dejar constancia de su posicionamiento.

Desgraciadamente, tenemos varios ejemplos de cuestiones que han supuesto ficticias batallas con los ecologistas, pero realmente detrás del ruido sólo se encontraba un intento de obtener la visibilidad perdida. Además, en estos casos encontramos situaciones esperpénticas. Es frecuente encontrarse cuadrillas organizadas de defensores del medio ambiente que se desplazan a una zona para efectuar una acción de protesta. Cuando las cámaras se van, los «ecoprogres» también desaparecen. No sólo eso, la población local, objeto de defensa de la protesta, alucina con la llegada de estas personas que desconocen absolutamente su realidad social o económica pero que, sin embargo, no tienen problemas en exhortar lo que se debe o no debe permitir.

Nos encontramos con protestas ecologistas ante todo tipo de situaciones. Se puede protestar contra proyectos productivos, contra eventos deportivos o contra reuniones empresariales, pero el progre siempre acudirá a la cita con su teléfono móvil último modelo con batería de litio (material que llega a los móviles por ciencia infusa), con el que dejará constancia de todo antes de volverlo a recargar enchufado a la red eléctrica.

La perversión ecológica del progre se deja sentir de mayor manera en zonas desfavorecidas o en pleno proceso de desarrollo económico. Hay proyectos que encuentran una feroz contestación ecológica a pesar de que puedan ser iniciativas respetuosas con la naturaleza y que ofrezcan compensaciones por los daños que puedan ocasionar. Uno de los ejemplos más sangrantes que hemos visto en los últimos años se ha dado en Argentina. El Rally París-Dakar se trasladó del norte de África a Latinoamérica por la inseguridad de los países del norte del continente africano. Evidentemente, una prueba deportiva de nivel internacional y con repercusión en los cinco continentes supone un escaparate impagable que lleva asociados inversión, repercusión turística y, en definitiva, la posibilidad de desarrollo y bienestar. Esa oportunidad de desarrollo ha sido utilizada por determinados colectivos para protestar por el supuesto daño que podría sufrir el entorno sin aportar prueba científica alguna. La protesta, aunque minoritaria, se ha visto amplificada por la habilidad del progre en difundir su mensaje simplificado a través de la redes sociales.

Cuando el progre se convierte en un experto sobre el medio ambiente resulta un elemento realmente peligroso, dada su capacidad por manipular la opinión y transformar la realidad a su antojo. No son muchas las personas que conozcan en detalle información relativa al cambio climático, la peligrosidad de las emisiones o el estado real del medio ambiente. El progre ecologista ha encontrado en ese vacío de conocimiento un espacio perfecto para que su mensaje se asiente, crezca y se reproduzca. Durante años, y escudados tras la defensa del medio ambiente, el ágora pública ha sido atormentada con todo tipo de mentiras y mensajes apocalípticos que únicamente el paso del tiempo ha desmontado y derribado con la facilidad con que cae un castillo de naipes.

Cada vez más los gobiernos del mundo civilizado siguen los protocolos internacionales con el objetivo de preservar el medio ambiente, aunque eso no es suficiente para el progre ecologista, siempre ansía más.

Alejados de las grandes problemáticas medioambientales nos damos de bruces con un ecologismo progre de andar por casa bajo el que se localiza la más absurda hipocresía. En las grandes ciudades, por ejemplo, no hay un progre sin una bicicleta a cuestas aunque no deja de ser un estereotipo con el que dar fe de su superioridad moral. El progre no usa la bicicleta sino que se sirve de ella para dar testimonio de su compromiso con el medio ambiente, aunque eso sí, la bicicleta será un último modelo y acumulará polvo cuando pase la moda.

Pero a menudo los progres van incluso más allá. Fíjese el lector, si no, en algunas de las grandes ciudades gobernadas en España por los autodenominados «gobiernos del cambio» (el marketing progre siempre está al acecho), como en la ciudad de Madrid: los coches son malos y por eso debemos prohibir su circulación. Cierre de calles, imposibilidad de utilizarlo, todo de manera unilateral, sin escuchar a los ciudadanos, a los comerciantes..., a nadie. Porque si la gente no va en bici como yo, le impido que coja el coche. Es la lógica del progre. El progre siempre está en contra del consumismo; de los demás, claro, no del suyo.

Esta realidad se expresa en lo que se puede denominar «urbanismo ecológico». El crecimiento de las grandes urbes y las nuevas necesidades de sus habitantes requieren de nuevos modelos de ciudad adaptados a las nuevas tecnologías y modelos de urbanismo. Sin embargo, ese inevitable camino de futuro choca frecuentemente con los deseos y la forma de entender el mundo de los progres, que muchas veces señalan al progreso como su enemigo. Frecuentemente, vemos una oposición inusitada a grandes proyectos urbanísticos que persiguen una modernización y transformación de las ciudades, que suele ir acompañada de campañas virales en las que se desinforma sobre la realidad de las iniciativas para teñirlas con la sombra de la corrupción.

Conviene, no obstante, dar el suficiente valor a lo difícil que es ser progre y ecologista, y comprendiendo esto, puede entenderse el resentimiento que anida contra todo aquello que sospechen que puede dañar el medio ambiente. El progre se mueve en bici, recicla todo tipo de envases, ha cambiado el baño por la ducha, no utiliza espráis y sólo consume energía renovable... Bueno, eso no que, si no, no podría utilizar su móvil veinticuatro horas.

Quiero aquí ser muy enfática en que el impacto que estamos teniendo en el planeta es evidente y nadie lo puede negar. Nuestros mares están llenos de plástico, la deforestación está avanzando, vidas silvestres están viéndose amenazadas. Todos, como seres humanos, contaminamos. La vida del ser humano necesita transformar recursos naturales para mejorar la calidad de la misma. Y ésa es una realidad que no va a cambiar.

El progreso es constante y más tangible que nunca. Debemos tener claro que los recursos del planeta seguirán siendo utilizados para mejorar la vida de sus habitantes y que la utilización de dichos recursos representa, en algún grado, contaminación.

La diferencia la hacen aquellos que, conscientes del impacto que su vida tiene en el planeta, están dispuestos a compensar al mismo por el daño que se le hace a diario, cada segundo, cada minuto que estamos vivos.

En la medida en que seamos más los que compensamos, la contaminación que realizamos irá aminorándose y la única forma en que la compensación va a ser fructífera a largo plazo es si la misma se convierte en una cultura. Y una cultura se fomenta con el hábito.

Es responsabilidad de cada uno de nosotros adquirir el hábito para que esa cultura de compensación se haga parte de nuestra vida. En la misma medida en que contaminamos, podemos también compensar.

Dentro de mi compromiso con ser consciente de esta realidad, fundé un movimiento de reforestación de árboles en Guatemala en el año 2012, el cual sigue funcionando hasta la fecha a base de voluntariado. Porque a diferencia del progre que cree que el individuo en libertad es incapaz de pensar en algo más que en sí mismo, los que somos capaces de analizar cómo funciona la realidad nos damos cuenta de que la única solidaridad y ayuda es la que surge de cada cual de manera voluntaria, ya sea donando sus propios recursos y/o su propio tiempo. Es muy fácil ser solidario con el dinero de los demás y disponiendo de su tiempo. Pero la verdadera ayuda es la que estamos dispuestos a dar por nuestra cuenta.

Bajo esta base, el movimiento ha logrado la reforestación de más de cincuenta mil árboles en Guatemala. En lugar de irle a lloriquear al Ministerio de Medio Ambiente, que no hace nada por la contaminación de nuestros lagos o ríos, ni por la deforestación, o en lugar de salir a protestar por incrementar el presupuesto del gobierno como lo haría el progre, éste es un modelo donde es uno el que empieza a actuar. Y es que para reforestar no se necesita más que dos manos y la voluntad de hacerlo. Pero el odio al individualismo que cosecha el progre le impide ver en sí mismo o en sus semejantes el motor del cambio.

También decidí llevar bolsas de tela al supermercado y reducir al cero por ciento mi consumo de bolsas de plástico. Constantemente estoy compartiendo innovaciones que, gracias al mercado, contribuyen a mejorar el medio ambiente, como el Ecofiltro, que ha sido mucho más eficiente para sacar de la desnutrición crónica a miles de niños en Guatemala que cualquier programa de nuestro corrupto Ministerio de Salud; o las carreteras hechas de plástico reciclado del mar en los Países Bajos; las mochilas con paneles solares que permiten a los niños en África cargar sus linternas para estudiar en casa; los coches eléctricos Tesla, o el cáñamo como un sustituto del plástico. Hay una diferencia entre el ecohisterismo y la conciencia ecológica. Y es que el progre cree que todo se resuelve por decreto, haciendo leyes y dándole más rabietas a papá Estado. No le da crédito ni cabida a las innovaciones de las mentes individuales que a diario están presentándonos alternativas que están contrarrestando el impacto humano en nuestro planeta. Jamás el progre va a admitir que una innovación producto de una mente individual ofrecida en el mercado sea capaz de cuidar el medio ambiente con mayor efectividad que la burocracia de los gobiernos firmando acuerdos utópicos que jamás se cumplen.

Feminismo

La lucha por la igualdad, tanto social como en derechos, de la mujer ha sido secuestrada por el progre para hacer bandera de ella llegando a extremos insospechados. Lamentablemente, mujeres de ideología adversa sufren en sus carnes el escarnio de la turba progre, que cuestiona incluso su feminidad o su defensa de lo femenino. Con el pretexto de la defensa de la mujer, el progre se eleva hasta el absurdo con cuestiones que atañen a la política, el lenguaje, la educación, la sexualidad o la religión.

El debate que plantea el progre sobre el feminismo está viciado desde el primer momento. La pretendida búsqueda de la igualdad entre el hombre y la mujer, tanto en derechos como en obligaciones, ha dejado paso a una dialéctica estéril y pueril centrada en aspectos que en poco o nada afectan al mundo real. La lucha contra un problema que afecta a la mayor parte de las sociedades ha terminado por convertirse, por obra y gracia de los progres, y sobre todo de las mujeres progres, en un machismo oculto que niega a las féminas su propio desarrollo.

Nuestras sociedades tienen, históricamente hablando, un sustrato patriarcal indudable. A lo largo de los últimos siglos y más aún en los últimos años, se han desarrollado políticas y leyes que reconocen la igualdad de los hombres y de las mujeres. Hoy en día tenemos ejemplos de importantes personalidades femeninas que ostentan cargos públicos de relevancia, y en otros ámbitos, como el empresarial o el científico, la mujer está cada vez más presente. A pesar de esas circunstancias, es evidente que para lograr una igualdad plena queda mucho por hacer. Pero eso no se va a lograr cambiando el género a las palabras, generando cuotas por decreto o criminalizando cualquier situación en la que una mujer no logra lo que desea.

Para fomentar la igualdad entre personas de diferente sexo, el progre utiliza todo lo que esté a su alcance y traslada el debate sobre el feminismo a cualquier ámbito. En época electoral por ejemplo, es muy frecuente en países como España oír a los partidos de izquierda el término «lista cremallera». Este término se utiliza para designar las listas electorales en las que los puestos son ocupados de forma alternativa por hombres y mujeres. De una manera simple y revestida de una pátina de respeto por la mujer, el progre se carga de un plumazo la igualdad y pone de manifiesto que a la hora de designar a un posible cargo público es más importante el sexo que la capacidad. El feminismo busca un trato igualitario para hombres y mujeres, pero en esta circunstancia, si hay dos mujeres mejor preparadas y con más capacidad que los hombres, no pueden ocupar los primeros dos puestos, y de la misma forma, si resulta que en un determinado equipo no hay mujeres con la suficiente preparación se las obliga a ocupar una responsabilidad para la que no están capacitadas, por lo que se anticipa un futuro fracaso.

Lo mismo ocurre con esa obsesión por lograr mujeres presidentas del gobierno. Hillary Clinton representó con creces este objetivo; el debate llegó a tal punto que parecía más importante que llegara a presidenta por ser mujer a que lo hiciera porque para Estados Unidos es mejor tener como candidato a presidente al más cabal de los candidatos.

Esto nos lleva a una reflexión quizá muy obvia, pero no por ello irrelevante: ¿No deberían ocupar los puestos más importantes de una lista electoral las personas con un mayor nivel de formación, habilidad e inteligencia? ¿No contradice las propias raíces del movimiento feminista que los puestos o las responsabilidades se otorguen por razón de sexo (género, en palabras de un progre) y no de capacidad? Al menos tras ver la nefasta y corrupta experiencia de mujeres en el poder como Roxana Baldetti, Cristina Fernández de Kirchner, Michelle Bachelet, Hillary Clinton o Dilma Roussef, ya debería habernos quedado claro que un par de ovarios no son garantía de eficiencia en el puesto ni de transparencia en el puesto político, y que a la hora de elegir a un funcionario público lo que debe importarnos no son sus genitales debajo de su falda o sus pantalones, sino las ideas y propuestas que sostiene con sus acciones.

Si realmente queremos vivir en un mundo lejos de la discriminación, el sexismo, el machismo, el racismo o el clasismo, entonces tenemos que empezar a valorar a las personas por lo que realmente valen: por sus ideas, sus acciones, sus propuestas, su capacidad, su talento, su esfuerzo, su honestidad, su mérito. Pero la verdadera meritocracia es algo a lo que el progre le huye. Y aquí hay algo que el progre también deliberadamente ignora, y es que el machismo es cosa de mujeres también. Porque admitámoslo, si todos los machistas fueran sólo los hombres, serían un grupo de ermitaños que vivirían expulsados por la sociedad en la cima de las montañas o en los confines de la tierra. Pero viven en sociedad porque las mujeres también fomentan el machismo, inculcando a sus hijas la sumisión y a sus hijos varones la prepotencia y la superioridad. Sin embargo, en ese campo minado de labrar una cultura de respeto al individuo dentro de las sociedades indígenas o musulmanas el progre no se mete.

En la mente progre se ha instalado una enfermiza obsesión por la igualdad que deriva en posicionamientos radicales cuya máxima expresión es el denominado movimiento Femen. El surgimiento en Ucrania de esta iniciativa buscaba conseguir un adecuado papel de la mujer en la república exsoviética, pero su reiterada exposición mediática ha logrado darle relevancia internacional. Resulta particularmente paradójico que Femen reivindique una sociedad más justa y más oportunidades para las mujeres a través de mostrar el torso desnudo y utilizar el cuerpo para llamar la atención. En Femen el debate ideológico con exposición de argumentos ha dejado paso al espectáculo del destape. Para terminar de cuadrar el círculo son mujeres que no dudan en calificarse como feministas y progres, aun siendo las que primero defienden la utilización de los pechos como pancartas y la sexualidad femenina como reclamo.

En el colmo de la desfachatez, el progre intenta defender el movimiento Femen vinculándolo con la lucha de las sufragistas en lo que de nuevo no podemos sino calificar como una absurda reinterpretación de la historia para acomodarla a sus necesidades.

No obstante, el feminismo progre llega a su máximo nivel de ridiculez en la propia utilización del lenguaje. El progre ha feminizado el lenguaje para dar una sensación de igualdad ante cuestiones insustanciales y, hasta en cierto grado, inaceptables. Vemos como la lucha del progre contra la lengua ha logrado eliminar las palabras indeterminadas que servían para designar a una colectividad en favor de términos que reconozcan la sexualidad de todos los presentes. El español evoluciona, es flexible y se adapta a los nuevos tiempos, pero lo que no se puede pretender con una lengua es retorcerla y manipularla al antojo de cualquier iluminado.

No hace mucho el director de la Real Academia Española, Darío Villanueva, ofreció estas declaraciones tras ser cuestionado por la utilización por parte de un líder político de la palabra «miembra» para referirse a las mujeres pertenecientes a su partido: «Si se llama miembros a los hombres y miembras a las mujeres, habrá que empezar a llamar miembros a los brazos y miembras a las piernas».[1] Con estas palabras Villanueva lo único que hizo fue poner de manifiesto que la estupidez no entiende de sexos, y tampoco de fronteras, viendo lo que hizo poco después la ciudad de Nueva York al proclamar la existencia de treinta y un géneros.[2]

«Guayismo» y troleo en Twitter

Las nuevas formas de comunicación alumbradas con el desarrollo tecnológico y la generalización del uso de las redes sociales han concedido al progre una valiosa herramienta de transmisión de sus ideas, con la ventaja de que priman lo superficial frente a lo profundo o la imagen frente al razonamiento concienzudo.

1. Puede encontrarse la referencia a la entrevista en la que realizó dichas manifestaciones en <http://www.europapress.es/cultura/exposiciones-00131/noticia-villanuevarae-uso-miembra-peligrosisimo-lengua-ecosistema-alterarlo-repercute-todo-20150424124448.html>.

2. Puede encontrarse la referencia en <http://heatst.com/culture-wars/here-are-the-31-gender-identities-new-york-city-recognizes/>.

Twitter se ha convertido por derecho propio en un patio de vecinos en el que se lanzan al mundo mensajes e ideas sin el filtro necesario y con un absoluto desprecio hacia aquel que piensa de manera diferente. ¿La clave? Hacer pedazos, muchas veces desde el anonimato, a quienes se atreven a dar la cara manteniendo siempre un estándar moral diferente para el otro que no cumple en su propia vida quien critica.

La propia limitación de las publicaciones en Twitter a 140 caracteres ofrece una pista elocuente de lo que se persigue. Se buscan ideas cortas, con un mensaje directo y repetible, con el objetivo de alcanzar al mayor número de personas posibles y convertirse en un contenido viral. Esta red social ha dado numerosas muestras de su falta de fiabilidad y ya son incontables los personajes célebres de múltiples ámbitos que han encontrado su esquela publicada cuando disfrutaban de un café.

La falta de verificación de la fiabilidad de los mensajes poco importa en una sociedad que da más validez a la inmediatez que a la verdad, y es en ese pequeño limbo donde el progre encuentra un lugar donde posicionarse sobre todo aquello que ocurra en cualquier parte del globo. Ser progre te obliga a ser un experto en este submundo en el que se entremezclan opiniones, insultos, falacias e informaciones sesgadas.

Sí, es cierto que este fenómeno no se limita al «ciberprogre» y que los insultos, las descalificaciones y la desinformación proliferan en las redes sociales desde todas las ideologías y se aplican a todo tipo de temáticas, pero en el caso del progre forma parte de la esencia de su comportamiento *online* (y *offline*). En su faceta de «ciberprogre», el progre se arroga una supuesta superioridad moral e intelectual —que analizaremos con detalle más adelante— con la que se dota automáticamente de autoridad en cualquier tema y que le inviste de la capacidad de distinguir entre los buenos y los malos, los merecedores de respeto y los que no merecen ni la más mínima muestra de educación porque manifiestan posturas contrarias al conglomerado de consignas y vaguedades que componen su ideología.

La interacción a través de las redes sociales permite al progre la creación de una vida idílica que presume de un compromiso social inexistente. Éste es un comportamiento típicamente «ciberprogre», aunque a veces se dé en otro tipo de personas bienpensantes y «buenistas en general»: no importa lo real, importa lo que has publicado, y de esta manera el progre se adhiere a toda aquella causa que considera que está en consonancia con su pensamiento. Todo vale con la intención de aumentar su abanico de seguidores y convertirse en un creador de opinión capaz de influir en personas a las que no se les ofrece un contexto de la información ni un análisis objetivo de un determinado asunto.

El progre utiliza todo lo que encuentra a su alcance para tratar de ridiculizar y despreciar aquellas decisiones o ideologías que no concuerden con su pensamiento. Twitter permite la posibilidad de crear una cuenta en la que el usuario funciona con un nombre ficticio y sin apenas responsabilidades de los comentarios y menciones que realice. El progre ha identificado ese vacío de control para la utilización en su propio beneficio y para la propaganda de sus inconexas ideas políticas. Esos perfiles falsos funcionan como tribunas desde las que lanzar alegatos y, en algunos casos, tratar de amedrentar a todo el que piensa diferente.

La incesante actividad en Twitter del trol progre y su uso de herramientas como los hashtags provocan, como efecto perverso, la impresión de que sus opiniones son mayoritarias. No hay más que ver, por poner un ejemplo, como poco después de ganar las elecciones del 20 de noviembre de 2011 el hashtag #Rajoydimisión se convirtió en *trending topic* de Twitter en España. Si sólo se hiciera caso de las redes sociales no se podría entender cómo el PP alcanzó casi los once millones de votos en esas elecciones.

La evolución no deja lugar a dudas de que en un futuro deberá establecerse algún tipo de control sobre el uso de las redes. La mala utilización de Twitter ofrece ejemplos desagradables de la necesidad de contar con herramientas que posibiliten la denuncia de comportamientos que rayan en la delincuencia. Tener un pensamiento diferente puede derivar en una batalla virtual en la que debes enfrentarte a menciones y comentarios de centenares de miles de personas que ni siquiera se han tomado un segundo de su tiempo en cuestionar por qué mantienes una posición concreta.

Si el progre presume de tolerancia, respeto y diálogo, es en Twitter donde más se demuestra que sus valores reales transitan por un universo paralelo. La fiebre que una publicación puede provocar en los «troles progres» que abundan en la red no tiene cura y puede significar el cierre de una cuenta o como poco un bloqueo masivo de perfiles para evitar una cascada de comentarios hirientes y amenazantes que nada tienen que ver con el debate político sobre una idea.

No conviene que carguemos la responsabilidad en Twitter por el mal uso que le dan algunas personas. El problema de fondo no es otro que la falta de respeto y la constante crítica al adversario que está presente en el progre como común denominador de su actividad pública. Como si fuera un matón o un buller de patio de colegio, el progre demuestra ante sus correligionarios su fuerza arremetiendo contra quien sea. El progre se considera con derecho, amparándose nada más y nada menos que en la libertad de expresión, a actuar impunemente a través de 140 caracteres, para demostrar al mundo que no haya nada más guay que ser progre.

4

La utopía del progre

Dentro del pensamiento progre hay una serie de conceptos políticos que son utilizados de forma reiterada. Estas expresiones forman parte de lo que podríamos denominar «utopía del progre», es decir, una realidad de ensueño e idílica en la que el pensamiento y la ideología progre ocupan un lugar preeminente, ello adornado con un lenguaje tan estudiado como biensonante y «buenista».

Sin embargo, es recomendable tomar distancia y observar con desafecto como el progre se apropia de ciertos elementos que después destruye y remueve a su antojo y siempre en favor de su ideología.

En la utopía progre todos los debates políticos terminan con un consenso, el diálogo es el cimiento de la actividad pública, la política no debe entenderse sin la tolerancia al que piensa diferente, la justicia social debe alcanzar a todos los ciudadanos, y las elecciones, o en último caso el referéndum, son síntomas de buena salud democrática y permiten dar voz al pueblo.

La teoría progre, como siempre, resulta estimulante e irrechazable, pero tras las bonitas palabras y los buenos pensamientos se esconde una realidad más oscura en la que nada de lo expuesto anteriormente tiene validez si es contrario a la ideología progre. Para el progre, el consenso es asumir su pensamiento y la tolerancia sólo viaja en un sentido: el suyo. El diálogo se traduce por imposición y la justicia social por el ataque al capitalismo. Por último, elecciones y referéndum son utilizados siempre y cuando sirvan para reforzar sus posiciones.

Cuanto más elevado es el concepto que el progre defiende, más grande es la mentira que esconde. El progre goza de una habilidad innata para el equilibrismo ideológico que le permite mezclar el agua y el aceite, el consenso y la imposición, la tolerancia con el adoctrinamiento o el diálogo con el pensamiento único.

El consenso

Entendemos por consenso un acuerdo alcanzado entre dos o más grupos de personas sobre un determinado asunto. El pensamiento progre añade a este concepto un interesante matiz que entronca con todas las características básicas que hemos resaltado con anterioridad: para el progre llegar a un acuerdo es que todos aquellos que pensaban diferente acepten su opinión y sus condiciones sobre una determinada materia.

Antes de abordar cualquier debate político, desconfía del que antes de exponer sus ideas ya proclama que lo más importante es alcanzar un consenso y que todas las partes deben sentarse a la mesa con la intención de llegar a acuerdos. Desconfía del progre al que la palabra consenso se le caiga de la boca, porque lo único que pretende es engatusar a su rival a través de un uso fraudulento de las palabras.

Los representantes de los poderes públicos son conscientes de que dentro del normal funcionamiento democrático de una sociedad avanzada el consenso es un pilar fundamental que permite integrar diferentes sensibilidades y avanzar hacia el objetivo compartido del bien común. El consenso debería ser utilizado como una herramienta básica para el desarrollo de políticas en beneficio del conjunto de un país, pero esos deseos chocan irremediablemente con el deseo del progre de imponer su punto de vista, dado que es el único que merece ser tenido en cuenta.

Con una manifiesta perversión en la utilización del lenguaje, el progre hablará de consenso sin inmutarse cuando realmente el único punto de acuerdo que busca es que los demás respalden la decisión que quiere tomar. En este contexto, el progre empuñará la participación y la transparencia para cubrir su actuación de una legitimidad de la que carece pues en realidad donde él dice consenso debería decir imposición.

El progre, además, no duda en utilizar el consenso como parapeto de su incapacidad para llegar a acuerdos o como excusa para eludir responsabilidades. El progre presenta el consenso como el bien máximo a alcanzar por lo que no dudará en acusar a sus rivales ideológicos de ser intransigentes con sus posturas y de ser contrarios al consenso si no se arrodillan ante sus imposiciones. El progre entiende la batalla mediática como una parte más de la acción política, por lo que tratará de desprestigiar a su adversario culpabilizándolo de no aceptar el consenso cuando la verdad es, simplemente, que se ha rechazado la imposición de unos ideales que sólo persiguen satisfacer su interés.

En el caso contrario, cuando se logra un acuerdo en el que el progre se siente vencedor, apelará a la voluntad de consenso como parte fundamental del éxito sin tener en cuenta que todos los participantes han cedido en sus posturas.

Ya hemos comentado con anterioridad que para el acercamiento al pensamiento progre hay que tener en cuenta una premisa básica y es que el progre siempre tiene razón. Con esta característica sobre la mesa, es realmente escalofriante cómo el progre puede conjugar esa realidad con el tan adorado consenso. Es en los grandes temas como la educación, la sanidad o las políticas de servicios sociales donde se observa mejor que en ningún otro caso que el verdadero objetivo del progre no es alcanzar un posicionamiento común en beneficio de la sociedad sino adoctrinar y reafirmar su superioridad moral e intelectual.

Por definición, el progre no cede en sus planteamientos porque considera que son los únicos que valen, y es evidente que si una de las partes que se sienta a negociar no cede en sus posturas, el consenso pasa a convertirse en una verdadera utopía.

La tolerancia

Dentro de la utopía ideológica del progre quizá sea el concepto de tolerancia el que más fascinación produce y también el que mejor revela la verdadera forma de entender la política, y la vida, del progre. La tolerancia es el respeto por las ideas o creencias contrarias y es precisamente de lo que adolecen en muchas ocasiones los progres.

Para el progre la tolerancia viaja en un único sentido, el suyo, y es aquí donde radica el mayor problema. El progre es tolerante con aquello que es afín a su ideología, también con aquellos que plantan cara, aunque en ocasiones sea de forma violenta, a todo lo que el progre rechaza. Frecuentemente escuchamos como se ensalza la tolerancia como un valor irrenunciable y no cabe duda de que así es, pero debe ser una virtud que se aplique en sentido de ida y vuelta y no sólo con aquello que nos apetezca. Un ejemplo de la incongruencia del progre respecto de la tolerancia es que al mismo tiempo que la proclama, denuncia su intolerancia contra cualquier cosa que provenga de Estados Unidos aunque eso implique encasillar en una misma categoría a doscientos cuarenta años de historia y a 300 millones de seres humanos (más los pertenecientes a esa nación que ya murieron) a los que el progre no conoce personalmente, ni se toma la molestia en diferenciar como para hacer un análisis más objetivo. Pues cuando se trata de generalizaciones basadas en cualquier absurdo, el progre no tiene ningún problema con hacer prejuicios que en otro contexto donde busca tolerancia para sus propias ideas catalogaría de injustos e intolerantes.

Y qué mejor sitio para mostrar su tolerante intolerancia que la universidad. Existe una creciente tendencia en las universidades británicas y estadounidenses a restringir la libertad de expresión. Pero no viene de parte de los rectores o del claustro profesoral escandalizados por las ideas revolucionarias y progresistas de su joven alumnado. Son los propios alumnos los que, escandalizados por las ideas de algunas personas, les impiden expresarlas. Se llega a casos cuando menos curiosos. La activista feminista desde los años sesenta Germaine Greer no pudo dar una conferencia en la Universidad de Cardiff debido a una petición de tres mil estudiantes para que se le prohibiese hablar en el campus. Su delito: esta feminista era misógina puesto que había dicho que los transexuales no podían ser considerados mujeres. ¿Qué argumentos proporcionaba para defender esta postura? ¿En qué se basaba? Quizá resulte interesante conocer la opinión de esta firme defensora del feminismo en este tema, cuando menos controvertido. Pero para el progre ciertas afirmaciones van en contra de lo políticamente correcto y no se pueden, ni siquiera, expresar. Mucho menos debatir o argumentar porque «es evidente». Y esto ha ocurrido, paradójicamente, con múltiples progres de larga trayectoria que ahora se enfrentan a los jóvenes estudiantes que no quieren ni oír hablar de ideas que, de algún modo, vayan en contra de su idea de cómo son las cosas.

Pero la mayor ironía es la de estos progres que ahora se sorprenden e incluso escandalizan de cómo esta censura se está estableciendo en los campus. Sin embargo, fueron ellos mismos los que, en los años setenta, ayudaron a establecer las políticas de *No platform*, es decir, negar el púlpito y el supuesto prestigio universitario a ciertas ideas peligrosas (racismo, extrema derecha, etc.). Poco a poco, los progres fueron limitando cada vez más los temas hasta llegar a hoy y cómo cualquier idea que no esté en sintonía con su «buenismo» y sus ideas de lo que es, o no es, la tolerancia[1] es rechazada.

Pero esto no ocurre únicamente en los países anglosajones. En España nos encontramos múltiples casos. Incluso los jóvenes líderes progres que fundaron Podemos, siendo profesores en la

1. Véase <http://www.abc.es/cultura/abci-mordaza-campus-anglosajones-201603270838_noticia.html, http://internacional.elpais.com/internacional/2015/11/08/actualidad/1447010586_274139.html>, <http://ctxt.es/es/20160720/Culturas/7294/universidad-debate-critica-libertad-expresion.htm>.

universidad, impidieron la intervención de una representante política, Rosa Díez, en la Facultad de Ciencias Políticas. Movilizaron a sus estudiantes, leyeron un manifiesto y le dijeron que no era bienvenida a la universidad. Y que nunca volviera. Luego son los paladines de la libertad de expresión, dando voz a aquellos que no la tienen. Pero, realmente, su estrategia es negar la voz de los que piensan distinto, y que únicamente se les oiga a ellos. Es la idea de tolerancia de un progre.

En las sociedades democráticas tienen cabida pensamientos de diferentes ideologías y la tolerancia nos indica que debemos respetar las creencias del otro por muy distantes que se encuentren de las nuestras. Desde esa base de respeto cada cual tendrá libertad para argumentar sus ideas y exponer problemas y sus posibles soluciones. Para el progre la tolerancia llega hasta donde él quiera que llegue y sólo la aplica a aquello que realmente quiere tolerar.

La imposibilidad de unir progres y tolerancia viene dada desde el mismo momento en el que el progre se cree en posesión de la verdad absoluta y con la autoridad moral suficiente para no respetar cualquier otro pensamiento que ponga en duda su ideología. La tolerancia hipócrita del progre se manifiesta de forma más cruda en asuntos de vital importancia como puede ser la educación o la sanidad.

El progre puede defender a capa y a espada el derecho de los musulmanes a cumplir con los preceptos que marca su religión, pero el mismo progre mostrará su rechazo más absoluto a cualquier cuestión que tenga que ver con la religión católica. El progre tiende a identificar la religión católica con los poderes fácticos de la derecha y por lo tanto combatirá todo aquello que sospeche que tiene su aroma. Rechaza a la Iglesia católica por paternalista, anticiencia y obtusa. Pero no se da cuenta de que ese mismo rol paternalista para vanagloriar a la pobreza como una virtud el progre se la adjudica en cada momento al todopoderoso Estado.

En otras cuestiones, como el matrimonio homosexual, el aborto o la educación, nos encontramos con que el progre se atrinchera en su pensamiento y rechaza que haya personas que por convicciones religiosas o motivaciones personales no compartan su visión del mundo. ¿Por qué tiene que estar todo el mundo de acuerdo con el aborto? Si pedimos libertad para abortar, ¿por qué no concedemos también libertad para no hacerlo?

Al mismo tiempo, cuando los libertarios como quien esto escribe se declaran ateos de las más de cinco mil religiones inventadas por el ser humano o se pronuncian a favor de legalizar el aborto, la adopción homosexual o el comercio legal de las drogas, el progre cierra los ojos y sigue encasillándola a una entre la derecha más conservadora. En otras palabras: el progre, a menos que la totalidad de tu discurso coincida con el suyo, te va encasillar siempre como enemigo total.

Si el ejemplo es sangrante, no lo es menos comprobar cómo el pensamiento progre puede rechazar toda acción militar en la que participen Estados Unidos, Europa o la OTAN y, sin embargo, tolera cualquier tipo de violencia o represión si procede de regímenes afines como pueden ser Cuba o Venezuela. Tampoco se les ve muy activos o indignados por los ataques por parte de la Yihad en los que han muerto tantos civiles inocentes.

El discernimiento entre lo que es tolerable y lo que no le supone al progre un ejercicio de funambulismo en el que suele terminar cayendo al vacío ante la inconsistencia de un discurso que no está fundamentado en un razonamiento crítico y objetivo. No obstante, su mayor pecado no es el poco respeto para con las ideologías o creencias diferentes sino el absoluto desprecio que siente por todo aquello que se salga de su canon establecido. En este sentido, el progre no dudará a la hora de etiquetar y desprestigiar las iniciativas con las que no comulgue y tratará de que la opinión pública no escuche el mensaje a base de eslóganes y frases hechas que falseen la realidad de las propuestas.

El diálogo

El profesor brasileño Paulo Freire afirmó que «el diálogo no impone, no manipula, no domestica, no esloganiza». Es una lástima que sus compañeros del Partido de los Trabajadores no repasen cada día sus enseñanzas, y el ejemplo podría extenderse a muchas otras formaciones políticas que han convertido el diálogo en el arte de la manipulación.

El progre se ha adueñado del diálogo aunque no lo utiliza; lo esgrime como arma aunque sólo es una estrategia, y lo reivindica como elemento clave cuando no es capaz de aceptar que haya otras opiniones mayoritarias. El progre no entiende el diálogo como una conversación alternativa para la exposición de ideas u opiniones, sino como propaganda de su ideología.

Si volvemos a la frase de Freire, el mensaje es cristalino. Sintetiza en unas pocas palabras todo aquello que no debe hacerse en un proceso de diálogo y a la vez retrata muchos de los vicios en los que incurre el progre cuando dialoga. En un debate público el progre no acude con intención de variar sus pensamientos si las exposiciones de su rival son irrebatibles. La única intención de un progre cuando participa en un debate es tener razón e imponerla a los demás. El progre emite juicios de valor que no admiten discusión y deben ser aceptados por los demás como verdad sin discusión. En este sentido, el progre anula el verdadero sentido de un diálogo y lo transforma en una conversación sin más intención que dar publicidad a su mensaje.

Otro elemento clave del progre en su discurso es la manipulación y la demagogia. Además de una nula intención de cambiar de opinión, el progre tratará de ridiculizar las opiniones de su adversario dialéctico, y la mejor arma que domina es la manipulación. El progre utilizará las aseveraciones de su rival para tratar de crear falsas impresiones y desacreditar un mensaje que está en contra de su pensamiento. Si esta fórmula de diálogo se ve en una conversación, la introducción de las redes sociales ha favorecido el crecimiento de la manipulación en el proceso de diálogo.

Resumir ideas en 140 caracteres constituye una herramienta para difamar y definir a las personas en el bien o el mal del ideario progre. Así, como decíamos Axel Kaiser y yo en *El engaño populista*, «no hay duda de que las redes sociales han permitido dar voz a una masa de personas que nunca la tuvo; y que buena parte de ella es ignorante, maleducada y hace del insulto, la mentira y la estupidez su forma de manifestarse. En cierto sentido es verdad que los idiotas han encontrado en las redes sociales su ambiente natural, y también que sus opiniones, cuando son repetidas por un número suficiente de personas, son influyentes a pesar de su contenido absurdo».[2]

Poco importa haber dicho o no una determinada afirmación, basta una insinuación para que una ola de progres dialogantes te haga saber que vives en una profunda equivocación.[3]

Si la manipulación es peligrosa, no lo son menos los intentos del progre por «domesticar» al resto de la raza humana. Como si fuera un domador del circo, el progre tratará de encontrar la forma en la que todos «pasen por el aro», es decir, que todos aquellos que no piensen como él se conviertan a la fe del progre. Ya lo saben, el progre nunca emite una opinión, el progre sienta cátedra. El adoctrinamiento es una parte fundamental de su diálogo porque ante una conversación no se trata sólo de dejar constancia de su visión de un asunto, el progre buscará desesperadamente convencer al interlocutor de que no hay postura válida más allá de la suya.

Finalmente, no puede entenderse un diálogo con un progre sin reparar en los eslóganes, frases hechas y coletillas que acompañan su discurso. Gran parte de la capacidad para difundir un mensaje depende de la claridad y la concisión del mismo. La ideología progre utiliza las técnicas publicitarias para conseguir que su mensaje cale de una forma rápida y sin capacidad de un análisis profundo. En este contexto se mueven afirmaciones en las que ha dejado de importar si son verdad, mentira o puras invenciones. Si un mensaje logra penetrar en el ideario progre, se repetirá hasta la saciedad a modo de mantra o de eslogan publicitario. Al responsable de la propaganda nazi, Joseph Goeb-

2. Kaiser, Axel, y Gloria Álvarez, *El engaño populista*, Deusto, Barcelona, 2016, p. 197.

3. Al respecto son interesantes las reflexiones de Ignatieff sobre el uso del lenguaje en el capítulo 5, «El dinero y el lenguaje», de Ignatieff, Michael, *Fuego y cenizas. Éxito y fracaso en política*, Taurus, Madrid, 2014.

bels, se le atribuye la frase «una mentira repetida mil veces se convierte en verdad» y la sentencia se ha convertido en parte indispensable del ideario progre. Repetir hasta la saciedad un mensaje se ha convertido en la fórmula utilizada para dar veracidad a las iniciativas de los progres. Repetir como cacatúas se ha convertido en parte fundamental del diálogo del progre aunque, claro, esa forma de conversar queda muy lejos de ser un intercambio de opiniones. Las falacias *ad hominem*, por generalización, de autoridad y hombre de paja se vuelven las mejores herramientas del progre para convertir el supuesto diálogo en imposición y el intercambio de ideas en uno de chismes y difamaciones.

La justicia social, universal del mundo mundial

> *Permítame ofrecerle mi definición de justicia social: Yo me quedo con lo que gano por trabajar y usted se queda con lo que usted gana por trabajar. ¿No está de acuerdo? Bueno entonces explíqueme: ¿cuánto de lo que yo gano le pertenece a usted y por qué?*
>
> WALTER E. WILLIAMS

El concepto de justicia social tiene un recorrido histórico y matices tan amplios que resulta sorprendente comprobar cómo el progre ha tratado con el paso de los años de convertirlo en algo patrimonial de la izquierda. A grandes rasgos, hoy en día entendemos la justicia social como la lucha contra las desigualdades que existen en una sociedad y la promoción de la igualdad de oportunidades entre todos sus ciudadanos.

El término «justicia social» comenzó a utilizarse en el siglo XIX evidenciando la necesidad de promover un reparto igualitario de los bienes con el objetivo de cubrir las necesidades de las personas. La universalización del concepto llegó tras su incorporación, a principios del siglo XX, a la fundamentación de la Organización Internacional del Trabajo (OIT), y unos años después, cuando apareció recogido en la Doctrina Social de la Iglesia. Más recientemente, en el año 2007, la ONU declaró el 20 de febrero como el Día de la Justicia Social. Así, decían, «la justicia social es un principio fundamental para la convivencia pacífica y próspera, dentro y entre las naciones. Defendemos los principios de justicia social cuando promovemos la igualdad de género o los derechos de los pueblos indígenas y de los migrantes. Promovemos la justicia social cuando eliminamos las barreras que enfrentan las personas por motivos de género, edad, raza, etnia, religión, cultura o discapacidad».[4]

Como puede observarse, enfrentarse al concepto de justicia social no es ni mucho menos sencillo y son muchos los condicionantes a tener en cuenta. En la mente del progre, sin embargo, se enfoca la cuestión de una manera negativa y equivocada, lo que termina generando frustración y resentimiento. El progre se disfraza de Robin Hood y equipara la justicia social con quitarle al rico para darle al pobre.[5] En esa reducción simplista del concepto no profundiza en aspectos tan relevantes como que no hay mayor justicia social que proporcionar los medios adecuados a los sectores sociales con más dificultades para que tengan posibilidades de desarrollo personal, social y económico. En otras palabras, no hay cosa más justa y más sana para el progreso de una sociedad que cada individuo pueda emprender su vida como mejor le dé la gana sin afectar ese mismo derecho en el resto.

El progre equivoca el concepto porque trata de igualar las sociedades, pero por el nivel más bajo. Es decir, no pretende que el pobre sea rico sino que el rico no lo sea creando en los sectores desfavorecidos un sentimiento de envidia y desesperación porque no alcanzan la tierra prometida por el progre. El denominado Estado del Bienestar pone al alcance de todas las personas una

4. Al respecto, <http://www.un.org/es/events/socialjusticeday/>.

5. Quizá porque el progre ni siquiera sabe que de hecho Robin Hood se llevaba lo que las personas pagaban en impuestos para devolvérselo.

serie de herramientas que, bien aprovechadas, favorecen el crecimiento personal. Sin embargo, ese desarrollo futuro conlleva indudablemente una dosis considerable de esfuerzo, sacrificio y responsabilidad, tres palabras que causan alergia a cualquier progre. La pretendida justicia social del progre pone de nuevo en evidencia que la cultura del esfuerzo no forma parte de su ideario. En mayo de 2016, Suiza llevó a cabo un referéndum en el que cuestionó a sus ciudadanos sobre la posibilidad de establecer una renta de más de 2.000 dólares mensuales para todos ellos por el mero hecho de ser ciudadanos del país. Evidentemente la propuesta fue rechazada, en un nuevo ejemplo de lo que debe ser una sociedad avanzada. No es sostenible, económica y socialmente, un Estado que premie a sus ciudadanos por no esforzarse. La ciudadanía confiere derechos, pero también, aunque algunos progres lo olviden, obligaciones. Un Estado debe proteger a sus miembros más débiles, evidentemente, pero esa protección no debe transformarse en un cheque en blanco para toda la eternidad. De hecho, la mejor protección que un Estado puede dar a sus ciudadanos es la garantía de que su vida, su propiedad privada y su libertad serán respetadas por el resto de los mortales so pena de ir a prisión tras un juicio. Y son precisamente las violaciones constantes a la vida, a la propiedad privada y a la libertad las que empujan a los más vulnerables entre los latinoamericanos a cruzar uno de los desiertos más peligrosos del mundo con tal de entrar a Estados Unidos, no para recibir cosas gratis ni para ser mantenidos por el Estado sino para poder trabajar (propiedad privada) sin temor a que los maten (vida), y buscar su propia felicidad como así lo decidan (libertad).[6]

Pero según el progre, si se da esa igualdad material, mágicamente todos los mortales seremos ejemplo vivo de la más alta éti-

6. Con el ánimo de recordar a los hispanos que habían huido de Estados que no garantizaban estos derechos básicos, en octubre de 2016 lanzamos con Prager University el vídeo *Inmigrante latino ¿Por qué votas en Estados Unidos por las mismas políticas populistas de las que huiste de tu país de origen?*: <https://www.prageru.com/courses/political-science/immigrants-dont-vote-what-you-fled>.

ca y sentido moral. Nunca nos dice el progre igualdad en qué, ¿qué es exactamente lo que debemos poseer de manera igual los 7.000 millones de seres humanos para abolir la malicia en el mundo de una vez por todas?

La socialdemocracia lo tiene claro. Como en Suiza, y a pesar de que allí lo rechazaron, se está apostando por la renta básica universal, renta básica incondicional o ingreso ciudadano. Básicamente, supone que cualquier persona, independientemente de su voluntad de trabajar, producir y ser responsable de sus acciones, recibe un salario del Estado para vivir. En España, algunos partidos han inaugurado la carrera a ver quién propone la Renta Básica más Universal, más Renta y, en muchos casos, con el argumento más Básico, simplificado y falaz. La carrera, como se puede imaginar el lector, está muy reñida entre el PSOE y Podemos. Los progres.

Para muchos de sus críticos, como el economista Juan Ramón Rallo en su libro *Contra la renta básica* (Deusto, 2015), el mayor problema no es económico sino ético. Como bien indica, la solidaridad es un fin muy loable pero no puede imponerse por la fuerza. Esto caracteriza al progre: quiere imponer sus ideas, sus valores y no concibe que la solidaridad, por ejemplo, pueda surgir de la libre voluntad de los individuos. Ciertamente, estas ideas de responsabilidad individual o libre voluntad de las personas son ajenas a la socialdemocracia. Sus propuestas así lo reflejan y luego se siguen sorprendiendo y debatiendo (entre ellos, sin escuchar a nadie más) sobre la crisis de la socialdemocracia. Pero su objetivo es lograr la justicia social.

Nunca nos especifican en qué momento esa consecución de la igualdad material se logrará para que se elimine la malicia humana. Tampoco nos indican cómo se alcanza esa igualdad material mientras haya innovación. Porque debido a la innovación, todos los días en el mundo se crea un aparatejo nuevo que al inicio no poseemos todos por igual. En un inicio, la electricidad sólo la tenía la Quinta Avenida de Nueva York, y la Casa Blanca era de las pocas en tener un retrete. Para el progre, esa lista de bienes materiales nunca está realmente definida. Lo cual le permite vender la utopía igual que lo hizo Marx, que nunca dio pasos para llegar a la Fase II. El progre transita su batalla sin especificarnos la lista de igualdad material necesaria para acabar con los males del mundo.

Está por demás decir que este concepto no resiste ningún análisis, si así fuera no habría malvados con cuentas millonarias en los bancos y todos los pobres del mundo serían criminales.

No contento con un mala utilización de la justicia social, el progre, además, trata de aprovecharse de los sentimientos de indignación y frustración de las clases sociales desfavorecidas para utilizarlas en su ascenso político. En primer lugar, el progre llama la atención sobre lo mucho que tienen unos y lo poco que tienen otros y promete corregir esos desequilibrios cuando llegue al poder. Es la forma más burda e insensible de política ya que se aprovecha de las necesidades personales para crear un sentimiento de injusticia que no es real. No sólo es reprochable, sino que, además, es hipócrita, ya que el progre de nuevo se sube a su púlpito para alentar a las masas contra el rico y el capitalista, pero nada dice de su abultada cuenta corriente.

El drama de los refugiados que sufre ahora mismo Europa sirve de nuevo para mostrar esa doble cara del progre. Exige que sus gobiernos acojan a refugiados, clama contra las políticas migratorias, pero a la hora de la verdad tampoco participa en la búsqueda de una solución ante un problema de hondo calado.

Los progres utilizan el concepto de justicia social tanto en la política interior de un país como en las relaciones internacionales entre naciones soberanas. El progre amplía el espectro con el objetivo de que se eliminen las diferencias entre los países, pero una vez más confunde el planteamiento al volver a trazar una línea entre buenos y malos. En defensa de la llamada justicia social, el progre encuentra unos enemigos perfectos que encajan como un guante en su marcado discurso anticapitalista. Es por ello por lo que para defender el derecho de desarrollo de cualquier pueblo el progre agita la bandera contra las grandes corporaciones o los Estados más poderosos, en especial Estados Unidos.

La búsqueda de la justicia social debe encaminarse a la erradicación de la pobreza, pero no desde un punto de vista caritativo con ayudas económicas sin control. La cooperación internacional debe observar con detenimiento el reciente documental *Poverty Inc.*[7] para de una vez por todas actuar en consecuencia en lo que los chinos ya sabían hace milenios: aprender a pescar es la mejor justicia social. Menos mal que hasta el cantante Bono, de la popular banda U2, finalmente, después de casi tres décadas despilfarrando su fortuna tratando de salvar África, finalmente se dio cuenta, y lo dijo públicamente, de que lo más efectivo para acabar con la pobreza era liberar los mercados.

Con respecto a un análisis sobre la validez del concepto de justicia social recuerdo mis clases de ética y sociología con el doctor Armando de la Torre en la Universidad Francisco Marroquín. Aunado a la frase de Walter Williams compartida al inicio de esta sección, De la Torre me dio la mejor definición para explicar que el concepto de justicia social es una aversión de la realidad. Por definición, la sociedad es el cúmulo de individuos que actúan de forma unitaria dentro de la misma. La sociedad no comete actos. Cada individuo dentro de la misma actúa a título personal. Así pues, el único que puede ser justo o injusto en sus actos es el individuo. Es el individuo el que injustamente puede actuar contra la vida, la propiedad o la libertad de sus semejantes. Por lo tanto, la única justicia real y existente es la que juzga los actos de los únicos que actuamos: los individuos. El concepto «justicia social» nunca designa a un responsable de los actos; por más que los progres y la ONU quieran negar la realidad, al analizar la justicia social bajo la lupa de la realidad y la lógica, de hecho no puede existir.

Las elecciones y el referéndum

En toda sociedad democrática y avanzada las citas con las urnas se articulan como una renovación de un compromiso social en el que los miembros de una sociedad pueden expresar sus preferencias sobre el tipo de políticas que deben ponerse en práctica. Para

7. <http://www.povertyinc.org/>.

el progre cada jornada electoral es una oportunidad en la que poner a prueba al resto de la sociedad y tratar de inculcar su mensaje. Es durante las campañas electorales cuando el progre hace gala de todos los vicios que hemos resaltado en capítulos anteriores anteponiendo sus intereses por encima de cualquier cuestión.

El progre mantiene con los procesos electorales una relación de amor-odio. Es frecuente encontrarse a los iconos del movimiento progresista reivindicando la importancia de escuchar la «voz del pueblo» y de devolverle el «poder a la gente»; sin embargo, la realidad demuestra que el pueblo elige las propuestas políticas que considera que dan respuesta a sus problemas, por lo que la mentira progre queda al descubierto. Es ante los reveses electorales cuando el progre muestra su querencia a procesos más controlados y en los que la tan nombrada «voluntad popular» pasa a un segundo plano. Es entonces cuando salen a la luz acusaciones de fraude y faltas de respeto a los legítimos resultados.

En el fondo el progre no quiere elecciones ni ningún proceso que pueda escapar a su control. El progre quiere, por encima de todo, que su ideología se convierta en cuestión de fe, por lo que no le gusta dejar que las cuestiones políticas dependan de un ciudadano que analiza las diferentes opciones, valora las propuestas y termina eligiendo de forma autónoma. En este sentido es donde se manifiesta su tendencia a mirar con simpatía regímenes en los que la ideología «progresista» se ha instalado en el poder y domina con mano de hierro los procesos electorales evitando cualquier sorpresa desagradable; al fin y al cabo, ésas son las elecciones que más le gustan al progre, aquellas en las que tiene el triunfo asegurado.

El progre ignora, o decide ignorar, que la democracia se termina anulando a sí misma cuando todos los asuntos de una sociedad deben elegirse pasando el filtro democrático. Porque al final lo que el progre busca es anular la diversidad de pensamiento. Y con la excusa de usar métodos democráticos, lo que realmente busca es imponer su visión. Y cuando esta visión sea cuestionada, él muy cómodamente podrá decir: «Esto lo ha decidido el pueblo por referéndum y yo hago lo que me manda el pueblo».

Y esa idea de la voluntad de la mayoría a la que se acoge el progre es la que aquí cuestiono. Si hay un sistema dispuesto a tener en cuenta todos los puntos de vista existentes para tomar una decisión, surge el problema de averiguar: ¿Cuál es la postura que entonces debe seguirse y aplicarse de entre todas las que hay?; ¿qué pesa más, el derecho del homosexual a casarse o el derecho de los conservadores de impedirlo?; ¿qué pesa más, la libertad de locomoción de los transeúntes o el derecho a energía gratis para un grupo y bloquear calles hasta obtenerlo?

Cuando un problema parece no encontrar una opinión lo suficientemente racional capaz de posicionarse por encima del resto de opiniones, ¿por qué insistimos irracionalmente en buscarle una solución «democrática» a dicho problema?

La diversidad de pensamiento es buena, y hasta cierto punto necesaria, entre los grupos. Refleja una visión global de cualquier circunstancia, permitiéndonos a cada uno decidir dónde está ubicada nuestra propia afinidad, acoplándonos al o a los grupos que contengan las ideas que racionalmente compartimos y defendemos frente a las posturas de otros grupos.

El individuo se ve obligado a cuestionarse: «¿Qué postura se acopla verdaderamente a mis ideas y principios?». Cuando los individuos subimos nuestra «vara» racional, a los partidos no les queda otra que subir la suya para atraernos. Así es, como forzamos a los partidos a definir los principios y las ideas en las que su coalición cree y que defiende.

La democracia está para permitir la participación de todos dentro del sistema, no para cuajar todas las voluntades, o para guiarse todo el tiempo por una sola. En ningún momento es el único camino existente para conciliar todas las opiniones que hay en una sociedad. Si lograra esto, se anularía en sí misma. Si todos tienen que pensar lo mismo, opinar lo mismo y apoyar lo mismo que apoya una mayoría, entonces todos paramos viviendo en una dictadura. Y eso es precisamente lo que el progre logra cuando abusa así de la democracia.

Por eso, muchas veces, la postura que debe seguirse es la de renunciar al mismo sistema democrático como conciliador, y confiar en que la misma sociedad y la diversidad propia de ella son los mejores conciliadores que existen, para lograr el respeto de la libertad de cada uno de los que vivimos dentro del sistema y no sólo de unos grupos. Pero como ya vimos, todo lo que dicte que el individuo puede decidir por sí mismo va en contra de toda agenda progre.

La historia ofrece innumerables ejemplos de cómo diferentes ideologías se han valido del sistema democrático para alcanzar el poder y una vez ostentan el mando transforman el sistema en unas dictaduras inmisericordes con el que piensa diferente. Es en este terreno donde el progre se ve reflejado, ya que considera las elecciones un modo de llegar al poder para, una vez que controle la política de un país, ejercer de sumo redentor con las masas y abrirles los ojos hacia el paraíso de la felicidad que supone la política progresista. El tiempo ha demostrado que esos modelos caen una y otra vez en sonoros fracasos que condenan a un país a una crisis económica y social durante varias generaciones.

Afortunadamente, no siempre el progre puede controlar el resultado de unas elecciones antes de que se celebren, por lo que ante un mensaje vacío y una alternativa sin proyecto los ciudadanos eligen, en situaciones normales, opciones que garantizan la estabilidad y el correcto desarrollo social. Ante estas situaciones, el progre vuelve a exhibir otra «arma» democrática para llamar la atención e invocar de nuevo la necesidad de conocer la «voluntad popular». Ante la imposibilidad de poner en marcha sus políticas, el progre aprovechará casi cualquier asunto, por nimio que sea, para poner sobre la mesa la necesidad de convocar un referéndum para conocer la opinión del pueblo. En realidad lo único que pretende es «ganar» una nueva oportunidad en la que volver a tratar de engañar a los votantes con el único objetivo de imponer su pensamiento a los demás.

Un gobierno elegido democráticamente tiene la responsabilidad y la obligación de gobernar un país en base a una serie de medidas recogidas en su programa electoral, que ha sido refrendado por la ciudadanía en las elecciones. Los progres utilizan los referéndums como un instrumento con el que tratan de hurtar al gobierno de turno la responsabilidad de gobernar.

Un gobierno puede y debe tomar decisiones y no debe rendirse ante el ruido progre que pretenderá consultar a la ciudadanía hasta por el tipo de vestimenta que hay que llevar al trabajo. Los referéndums deben utilizarse con mesura y deben tener todas las garantías democráticas porque de lo contrario se podría incurrir en manipulación y fraude, aunque, al fin y al cabo, es eso lo que pretenden los progres.

5

Progres, culturetas y todólogos (I). Lo que debes saber si eres progre

El periodista Pedro Fernández Barbadillo resumió en su *Diccionario para entender a Rodríguez*, el Progre, que el progre «es una persona que se pasea por la vida con un insoportable complejo de superioridad y que se le puede reconocer porque suele llevar un ejemplar de *El País* o de *Las venas abiertas de América Latina* de Eduardo Galeano debajo del brazo».

La definición quizá se haya quedado un tanto obsoleta. Hoy en día establecer un único medio de comunicación tradicional o una sola obra literaria como elemento diferenciador del progre no es posible, pero hay cuestiones innegables que de forma perenne están asociadas a un buen progre.

Diez cosas que tienes que saber si eres progre

1. *No necesito leer. Yo poseo la razón*

El concepto de verdad absoluta y la superioridad moral tiene hoy en día, y para toda la eternidad, una estrecha relación con el progre. El progre siempre tiene razón. Siempre. Y si en algún caso se presentan argumentos que rebatan su discurso, siempre se puede culpar a los medios de comunicación que trabajan al servicio de los poderes económicos, al aborregamiento de las masas, que no saben pensar por sí mismas, o al imperialismo estadounidense, que siempre ha sido muy poderoso y nos ha impuesto nuestra forma de vida.

En última instancia, y ante personas de superior talla intelectual, el progre recurrirá a una vía más directa para imponer sus ideas: eleva el tono y deja claro que el que más grita es el que más razón tiene. Así, de manera democrática.

La superioridad moral conlleva un auténtico ejercicio de sectarismo ideológico del que el progre no sólo no se sonroja sino que, además, se enorgullece. En el progre hay siempre una voluntad inequívoca de pertenencia a un grupo que se sitúa «moralmente» por encima del resto de la humanidad. Son ellos los que tienen razón mientras el mundo yerra. El progre nunca pensará que se equivoca porque uno de sus principales sustratos es que su ideología es dogma y el que no lo sigue ni siquiera tiene derecho a opinar, dando muestra una vez más de su gusto por las buenas prácticas democráticas.

El progre tiende a despreciar y descalificar cualquier opinión o idea que se salga del guion y cuestionará siempre las motivaciones que pueden llevar a una persona a pensar diferente. En este sentido, si un progre topa con alguien con un pensamiento distinto sobre una determinada cuestión, inmediatamente esa persona se verá menospreciada.

El progre lee poco a los suyos y menos a los «no suyos». Si realmente el progre se comprometiera con la lectura, al terminar de leer a Marx reconocería que éste escribía desde una época en que la neurociencia, la psicología y la psiquiatría no existían y no estaba comprobado que la autoestima es intrínseca al ser humano,[1] y que Marx no tenía ni la más puñetera idea (y si la tenía nunca la escribió) de cómo hacer para que en la Fase II del comunismo la gente no pensara en sí misma ni tuviera amor propio. Si el progre leyera al Che Guevara se daría cuenta de que le confesaba a su padre lo mucho que disfrutaba fusilando gente, y quizá no

1. Frankl, Viktor, *El hombre en busca de sentido*, Herder, 2013.

se pondría histérico cuando uno en las redes sociales publica las frases homofóbicas y racistas de este asesino. Si el progre leyera a los «no suyos» encontraría en el futuro distópico de Ayn Rand en *Himno* valiosos argumentos sobre una sociedad donde el YO no existe. Si el progre leyera *Economía en una lección* de Henry Hazlitt, se daría cuenta de que él también es un *homo economicus* que toma decisiones en base a su subsistencia. Si el progre leyera la historia del comunismo ruso, chino o cubano, se daría cuenta de que su receta no funciona para la especie humana. En resumen, si el progre leyera más de lo que lee, dejaría de conformarse con repetir como borrego eslóganes vacíos y empezaría a ser un ser que cuestiona y que busca respuestas. Por eso ha habido tantos jóvenes que siendo progres y leyendo se volvieron libertarios. De ellos hablaremos más adelante.

El pensamiento único es indispensable y el que no participe de él es un ignorante; o peor, está contaminado por el capitalismo y la sociedad de consumo. Es un neoliberal, aunque raro es el progre de bien que sabe lo que está diciendo con ello.

2. *Maldito dinero*

Durante años el progre ha extendido la idea de que el dinero, el libre mercado o la riqueza son conceptos contra los que hay que luchar, y que las personas con fortuna o que han alcanzado el éxito personal son uno de los males que azotan la tierra. No hay que dejarse engañar, dinero y progre siempre van de la mano. Al progre le encanta el dinero, pero eso sí, siempre que esté en su bolsillo, en su magnífica casa en la playa o en su automóvil con todas las prestaciones.

De nuevo aquí observamos la dualidad —en psicología se conoce como «disonancia cognitiva»— que sufre el pensamiento progre. Jamás pongas sobre la mesa que un progre tiene tanto dinero o tantas cosas, porque te ganarás un enemigo de por vida. El progre, si tiene dinero, es porque es fruto de su trabajo, nadie le ha regalado nada. Ése será el argumento principal que defienda, pero olvídate. El progre ama el dinero, pero odia a aquel que lo tiene pero no piensa, o no actúa, como él considera que se debe actuar. En España, por ejemplo, hay progres capaces de criticar a Amancio Ortega, uno de los hombres más ricos del mundo y propietario del grupo Inditex, simplemente por aparecer en la lista Forbes y sin tener en cuenta su trayectoria profesional o sus numerosas y cuantiosas donaciones filantrópicas. Además, el progre no decía ni pío cuando Forbes catalogaba a Fidel Castro como uno de los políticos más millonarios del planeta, con una fortuna de más de 500 millones de dólares. ¿Hay algún progre que colabore en una causa en la que tenga que hacer aportaciones económicas? Los ejemplos escasean; sin embargo, no los múltiples reproches.

Cualquiera podría citar una decena de ejemplos de afamados progres con abultadísimas cuentas corrientes que no dudan en utilizar su posición social para adoctrinar a todo aquel que sea capaz de aguantar su mensaje sobre lo que hay y lo que no hay que hacer. En ese caso nunca espere el lector que un progre lleve a la práctica aquello de predicar con el ejemplo. El progre ordena y manda y, en última instancia, pontifica, pero el verdadero compromiso social o la verdadera lucha por el progreso de una sociedad la deja de lado mientras cuenta sus billetes.

Al progre se le escapa que ni los hospitales, ni las medicinas, ni la vestimenta, ni los techos, ni las bicicletas crecen en los árboles. Las cosas que han mejorado la calidad de vida de los seres humanos, desde que éramos cavernícolas y moríamos a los dieciocho años hasta hoy, han sido el producto de miles de mentes individuales que, gracias a la curiosidad, el talento y el esfuerzo, han utilizado los elementos que llevan en este mundo más de cuatro mil millones de años, incluidos los minerales y los metales, para transformarlos en cosas que antes no existían.

Por eso creo que sería útil que alguien modernizara el famoso escrito «Yo, el lápiz», de Leonard Read, para hacer «Yo, el iPhone» y recordarle al progre que todos los elementos que componen ese *smartphone* estaban aquí desde los inicios de la Tierra y necesitaron de la mente humana para ser transformados en un aparato que ahora le provee de internet y de redes sociales para luego poder quejarse del poco poder del individuo y de la necesidad de un papá Estado que lo vigile.

Las cosas necesitan ser producidas por alguien para que existan. Y desde los inicios de la humanidad hasta 1902, fecha en que Cuba fue la última nación en abolirla, la forma en que se nos ocurrió que la humanidad podía producir las cosas era a través de la esclavitud. Se decretaba, por costumbre e ignorancia genética y científica, que un grupo de individuos era inferior a otro y que, por lo tanto, tenía derecho a esclavizarlo para que éste produjera las pirámides, armas o la comida que los demás querían. Pero también surgió el intercambio, y con su evolución, el dinero, el cual emancipa a la persona que lo recibe. En lugar de ser un esclavo que no es dueño de su vida, ni de su libertad, ni posee propiedad, el dinero vino a devolverle al trabajador sus tres derechos inalienables y, a cambio, éste podía vender su labor al precio que él considerase. Cualquier asalariado sabe que una vez recibe su pago, él es el único que decide lo que hará con su dinero. Si lo gasta, si lo ahorra, si le compra un regalo a la madre, a la novia o al perro, o si por el contrario contrata a un asesino para matar al vecino. Pero como al progre no le gusta decidir, tampoco le gusta la idea del dinero. La idea. Porque el dinero en sí, lo tiene, lo usa y lo disfruta. La verdad es que, al igual que la tecnología, el dinero es una herramienta. El que es un violador de derechos sin dinero, al tenerlo sigue violando derechos. Y el que es ético y honesto sin dinero, no tiene por qué volverse un violador de derechos al ganar la lotería. El dinero es papel sin poderes mágicos para manipular las mentes. Los que controlamos nuestras mentes y nuestros actos somos nosotros. Es patético que el progre le atribuya a un papel la responsabilidad que corresponde a un ente mucho más complejo, el individuo.

3. Demagogia como arma de destrucción masiva

El uso de la palabra es fundamental para el progre para imponer sus ideas, ya sea desde la repetición de mensajes como si fuera un mantra o por el abuso de la demagogia para convertir cualquier tema de discusión en un asunto capital sobre el que habrá que posicionarse al lado del bien, su lado claro, o del mal.

A efectos prácticos, posicionarte en contra de la opinión de un progre te llevará a ti a ser el culpable de todos los males del mundo. El uso de la demagogia supone una utilización torticera de los buenos sentimientos de las personas con el mero objetivo de hacer prevalecer una opinión, la suya. En el debate, además, no se admitirán evidencias, datos, estadísticas ni hechos. Todo ello atenta contra lo que el progre necesita demostrar haciendo uso de descalificaciones *ad hominem*.

El enorme peligro de la utilización de la demagogia como elemento clave que articula el pensamiento progre se hace más evidente al enfrentarse a problemas complejos como la educación o la sanidad. Estas cuestiones de evidente calado social, y que deben ser tratadas con objetividad, sensatez y realismo, son abordadas por el progre anteponiendo soluciones sencillas y sin matices en las que deja entrever su tendencia al maniqueísmo, a bloquear la libertad individual o el derecho a pensar de manera diferente. Para el progre, está claro que hay personas débiles incapaces de costear su educación y su salud y otros que están obligados a pagar por esos servicios para otro. El problema es que nunca nos dicen quién está de qué lado ni por qué.

Decía Mark Twain: «No ande por ahí diciendo que el mundo le debe su sustento. El mundo no le debe nada. Estaba aquí mucho antes que usted».

4. *El poder como forma de vida*

Ya hemos comentado el gusto del progre por el dinero, pero si hay algo que un progre ama por encima del dinero es el poder, y una vez que se obtiene el poder, no hay que dejarlo nunca. Por eso, en ninguna protesta liderada por progres en Iberoamérica en los últimos años se ve una consigna de reducir el tamaño del Estado para así reducir el despilfarro o la corrupción. Al contrario, el progre jamás se pronunciará a favor de disminuir la burocracia, de clausurar oficinas innecesarias o de descentralizar los impuestos. Porque lo que el progre en el fondo busca es llegar a controlar todo ese monstruo estatal. Lo que menos le conviene es reducir las oficinas y las funciones del gobierno, ni mucho menos volverlo eficiente.

Para el progre el poder es el principal instrumento para transmitir sus ideas. Una vez en el poder, no duda en ampararse en la supuesta voluntad popular o el supuesto deseo de la gente para imponer su forma de pensar. Si el progre detesta al que piensa diferente, el poder le permite despreciar todo aquello que no forme parte de su ideario. Es la oportunidad perfecta para desechar todo aquello que odia sin analizar en profundidad la idoneidad de sus decisiones o valorar en conciencia las consecuencias a largo plazo de sus medidas.

Aunque el progre alardea de ser democrático y tolerante, es en el poder donde mostrará su verdadera cara y sus contradicciones. El progre puede permitirse el lujo de criticar y cuestionar decisiones de los mandatarios contrarios a su ideología y a la vez repetir esos comportamientos una vez que ostenta la vara de mando, que para algo él siempre tiene razón.

En la presentación de nuestro libro *El engaño populista* en la Universidad de Tucumán, Argentina, llegado el turno de preguntas, un joven pidió la palabra y el diálogo aconteció así:

> Trotskista: *Yo veo que ustedes hablan de todos los socialistas como una plaga que elimina las libertades e impone regímenes totalitarios. Pero yo soy un socialista trotskista y no creo en aplastar las libertades de otros.*
>
> Yo: *Dime una cosa, te voy a ir diciendo pasos del manifiesto comunista y me vas diciendo en cuáles tú, como trotskista, eres distinto. ¿Te parece?*
>
> Trotskista: *Sí.*
>
> Yo: *Expropiación y luego abolición de la propiedad privada, eliminación del dinero, control absoluto de los medios de comunicación por parte del Estado...*

Continuaba la lista y el trotskista no encontraba una cosa con la que no estaba de acuerdo. A lo cual agregué:

> Yo: *¿Te das cuenta? Dices ser diferente y que no buscas imponer pero no hay nada en la lista que descartes.*

Trotskista: *Pero es que yo haría todas esas cosas sin imponérselas a nadie*

Yo: *Y ¿cómo pretendes someter a esos pasos a gente como yo, que no sólo porque tú estés en el poder y le digas que la vas a expropiar se va a dejar así como así? ¿Qué haces con alguien como yo?*

Trotskista: *Bueno, no sé. Te lo impongo.*

Yo: *Si pero ¿cómo me lo impones? ¿Matándome? ¿Metiéndome en un gulag?*

Finalmente, el moderador paró la conversación por falta de tiempo y por haber más participantes esperando su turno. Pero esta anécdota recoge precisamente lo que buscamos identificar en el progre: el progre está plagado de buenas intenciones que nunca lleva a sus últimas consecuencias utilizando el argumento lógico, sino el poder. Lo que Sócrates hacía con sus alumnos —llevarlos por el hilo del cuestionamiento hasta que ellos llegaban a las últimas conclusiones de sus proposiciones— es precisamente lo que está faltando en las escuelas controladas por un sistema que se empeña en enseñar a obedecer dogmas en lugar de enseñar a pensar, a cuestionar, a analizar.

5. Postureo

No basta con ser progre, también hay que parecerlo. Hoy las redes sociales permiten al progre exponer sus ideas al mundo y no ha dejado pasar la oportunidad. Facebook, Twitter e Instagram (producto de la inventiva humana puesta a nuestra disposición en las transacciones libres y voluntarias llamadas «mercado») son ventanas desde las que el progre muestra su posición sobre cualquier asunto sin importar si realmente esa posición se corresponde con la realidad de su comportamiento.

El progre es feminista, apoya a los gais, ama la cultura, está socialmente comprometido y lucha contra las injusticias sociales. Pero no basta con serlo, hay que comunicarlo. Las redes sociales ofrecen la posibilidad de transmitir una vida idílica en la que el progre es el absoluto protagonista. Todo progre es un triunfador y debe presumir de ello para que el resto del mundo tome conciencia de sus éxitos.

Otro vector importante a tener en cuenta es que el progre tiende a ser gregario. Su sentimiento de pertenencia a un grupo y el seguimiento del modelo establecido lo llevan a ser correa de transmisión de un mensaje o altavoz de una determinada idea. Por eso también es común ver en Twitter que, por problemas personales, los mismos progres se pelean entre sí con incansables hashtags y ataques.

No hace falta pensar ni razonar sobre la complejidad de la idea, es mejor compartir los mensajes demagogos escondidos tras el buenismo o lo políticamente correcto. El progre ansía transformar el mundo y ser partícipe del cambio, pero sobre todo quiere dar lecciones sobre cómo actuar correctamente.

6. Hay que saber de todo

Una de las mayores habilidades del progre es que sabe de todo. El progre sabe de política, de sanidad, de educación, de cultura, de relaciones internacionales, es un experto en derecho y la historia es su materia preferida. Quizá por la cantidad de años en que ha brincado de carrera en carrera en la universidad estatal sin complementar ni graduarse en ninguna, el progre siente la autoridad moral e intelectual absoluta para debatir sobre cualquier tema desde los pocos libros que leyó en cada semestre que dejó abandonados, entre filosofía, antropología, historia política o economía. No hay tema alguno que escape a su control. Además, tiene opiniones para todo y, por supuesto, siempre tiene razón.

El progre no teme la conversación con el experto ni el debate porque se considera en posesión de la verdad absoluta. De la misma forma, no sólo presume de tener razón sino que, además, no tiene problemas en aconsejar a cualquiera, da igual que haya pedido el consejo o no, sobre lo que tiene que hacer o no ante cualquier problema.

La expresión más palpable del vasto conocimiento de los progres es esa raza de «opinólogos» o todólogos que hoy encuentran su lugar de refugio en las tertulias televisivas o radiofónicas. Basta escuchar como abundan las personas que conocen al dedillo la situación geopolítica en Oriente Próximo y a la vez son expertas en el tratamiento y la prevención de enfermedades o pandemias (recordemos el caso del Ébola o, algo más lejano ya en el tiempo, el de la gripe A). El saber no ocupa lugar y nunca mejor dicho; el progre puede no saber de nada, pero tiene opinión sobre todas las cosas.

7. ¿Quién es el enemigo?

Un buen progre sabe que el enemigo es todo aquel que no piense como él. No se valoran otros aspectos ni las circunstancias. Es una guerra de trincheras en la que el que no se posiciona de mi lado está contra mí. El progre tienen una habilidad insólita para eludir responsabilidades y, además, todo lo malo que le ocurre no es nunca por su culpa. Los enemigos y los responsables siempre son otros.

Bajo la consideración general de que el enemigo es el que piensa diferente, como en muchas otras cuestiones, el progre establece una serie de clichés de fácil asimilación y que posibilitan encontrar culpables de los males del mundo. Por definición, el progre está en contra de Estados Unidos, del capitalismo, de los mercados, del poder económico y de Israel.

Aquí traigo a colación una anécdota de mi país, Guatemala, donde el progre tuvo que callarse antes de seguir hablando del supuesto enemigo. Hace unos años, la CIA reveló al público (como es su costumbre) documentos que perdieron su clasificación de «secretos», por los más de cincuenta años que habían transcurrido desde la emisión de los mismos. Entre ellos se reveló una inoculación de enfermedades de transmisión sexual, como sífilis y gonorrea, a pacientes de recintos psiquiátricos y a presos de Guatemala en las décadas de los años cuarenta y cincuenta por parte de médicos estadounidenses. Inmediatamente la ola de indignación progre se dejó ver en las redes sociales. Comentarios que iban desde «Pinches gringos. Hacen con nosotros lo que quieren», «Maldito imperialismo, hasta cuándo seguiremos sometidos a la voluntad yanqui», «Cuando no Guatemala el patio trasero del cochino capitalismo»..., hasta peticiones en miles de dólares con las que supuestos familiares de los afectados pretendían resarcir la pérdida de sus seres queridos, circulaban en las redes sociales de los progres a diestra y siniestra. Hasta que en los documentos apareció que la contraparte legal de dichos experimentos en Guatemala había sido el director de Sanidad nombrado por el entonces presidente de la república, Juan José Arévalo (un líder amado por los progres por ser su especie de Salvador Allende guatemalteco). Inmediatamente, el ataque progre antiyanqui cesó y fue como si la CIA nunca hubiera revelado nada.[2]

8. *Culturetas*

Un progre siempre tiene una vertiente cultural, aunque en realidad sólo es una herramienta más para demostrar su superioridad moral con respecto a los demás. Asimismo, con un absoluto cinismo, el progre intenta asimilar cultura con ideología lanzando el mensaje de que todas las expresiones culturales nacen de la ideología progre o de personas que comulgan con este tipo de pensamientos.

De la misma forma que puede observarse en otros campos de la actividad humana, el progre utiliza la cultura como elemento diferenciador y segregador. Con la cultura como pretexto, el progre separa entre buenos y malos artistas, pero no atiende a la calidad de sus obras. El elemento clave a la hora de valorar a un creador es simplemente su posicionamiento político o ideológico.

Resulta un tanto perversa, a su vez, la utilización casi mitológica de ilustres artistas ya fallecidos a los que se incluye en tendencias políticas sin realizar un verdadero acercamiento al conjunto de su obra. Esto es lo que ocurre con autores como George Orwell, donde el progre ignora a propósito que *Rebelión en la granja* era una crítica basada en los desastrosos resultados de la

2. Fuente: <http://www.cityprojectca.org/blog/wp-content/uploads/2012/07/Guatemala-Report-Consentir-Spanish-201110.pdf>. Sección «Los Responsables y el Ocultamiento».

Unión Soviética. Porque para el progre, mientras Orwell no haya dicho lo contrario, él también es de izquierdas como ellos. Basta una pequeña manifestación en un momento determinado para obviar el resto de los detalles de una vida que en la mayoría de las ocasiones está llena de matices.

No contentos con esto, es frecuente reivindicar las figuras de alto calado cultural como representantes de movimientos en los que jamás participaron activamente, simplemente por el hecho de que en alguna ocasión mostraran alguna simpatía por ellos. Lo mismo ocurre con Eduardo Galeano. El progre ignora por completo que el autor de *Las venas abiertas de América Latina* ha reconocido en sus propias palabras cuarenta años después que no leería nuevamente su libro más exitoso. «No sería capaz de leerlo de nuevo. Caería desmayado.» Así lo dijo durante una visita a Brasilia mientras participaba en la Segunda Bienal del Libro, entre el 11 y el 21 de abril de 2014. «Para mí, esa prosa de la izquierda tradicional es aburridísima. Mi físico no aguantaría. Sería ingresado en el hospital», reconoció el autor, de setenta y seis años.[3]

No obstante, en este punto tampoco hay que olvidar la innegable capacidad del progre para camuflarse y parecer algo que no es. En los aspectos culturales es frecuente encontrarse con progres que si de verdad se hubieran leído la mitad de libros de los que alardean o visitado la mitad de museos de los que presumen, el mundo de la cultura viviría una época de auténtico esplendor.

Por último, sólo queda por destacar esas figuras cuasi totémicas que no dudan en enfundarse la bandera de la progresía y son poco menos que paladines de la llamada justicia social. No son más que falsos ídolos que no dudan en posicionarse del lado de las causas perdidas cuando la realidad en la que viven dista mucho del compromiso social que predican. Actores y músicos en su mayoría que abogan por la defensa del pueblo, pero que a la hora de la verdad disfrutan de mansiones en Miami, cuentas en Suiza y tiranizan a sus propios empleados. Tal es el caso de artistas como Calle 13, Silvio Rodríguez, Carlos Santana o Molotov.

3. <http://cultura.elpais.com/cultura/2014/05/05/actualidad/1399248604_150153.html>.

9. Tomar las calles

El agua moja, el fuego quema y no hay manifestación sin progre. El progre se siente dueño de la calle y es en las reuniones multitudinarias donde puede dar rienda suelta a su progresía. Para el progre, acudir a una manifestación callejera es lo mismo que cuando un niño oye el timbre del recreo. Amparado en la turba, el progre considera estas acciones como una parte fundamental de su existencia ya que es la manera de demostrar inequívocamente su compromiso social y de paso alimentar su ego desafiando, de lejos, a las fuerzas de seguridad.

Aunque no pague impuestos y tú si lo hagas, y aunque él rechace la propiedad privada mientras tú la defiendes, el progre se siente tan dueño de la calle en las manifestaciones que incluso se cree con el derecho de expulsarte de las mismas como si fueran propias.

Esta experiencia la viví en carne propia cuando mientras me encontraba en Venezuela, en abril de 2015, y Guatemala estalló en manifestaciones exigiendo la renuncia de la vicepresidenta Roxana Baldetti, tres progres se adueñaron de la manifestación, de la calle y se adjudicaron la representatividad de la totalidad de Guatemala (que se calcula es de 16 millones de habitantes) para exponer esta pancarta: «Gloria Álvarez no tiene ni mierda que ver con nuestra primavera. Att. Guatemala».

El progre gusta de utilizar la pancarta a modo de barrera de la plaza de toros. Es un elemento de seguridad que le otorga carta blanca para gritar, insultar, golpear y, en algún caso, dar vía libre a su lado rebelde y emprenderla a golpes con el mobiliario urbano.

La participación en una manifestación otorga al progre otra buena razón para distinguir entre buenos y malos. El hecho de acudir a reivindicar cualquier cosa refuerza la superioridad del progre frente al que, a pesar de tener los mismos problemas, no participa de la marcha. De manera errónea, el progre confunde manifestación con compromiso con la sociedad, sin tener en cuenta que las obligaciones, los derechos y deberes del ciudadano, no se evalúan en la calle sino bajo otros parámetros.

Por supuesto, la consigna de la protesta progre es «Estamos hartos de la corrupción del gobierno», pero jamás su propuesta incluye quitarle funciones al gobierno, descentralizarlo, ni mucho menos limitarlo. Siendo su objetivo alguna vez llegar al poder, la consigna es «Estamos hartos de la corrupción del gobierno. El gobierno todo lo hace mal y por eso estamos aquí, para exigir más gobierno y que el gobierno se encargue de todo». Por eso, por esa obsesión de protestar contra el gobierno exigiendo más del gobierno, todas las protestas —desde los desocupados en España hasta los venezolanos que salen a exigir que Maduro les siga pagando las medicinas— en Iberoamérica se esfuman después de un tiempo. No llevan propuestas. Ojo que éste no es un fenómeno sólo nuestro. A Occupy Wall Street le pasó exactamente lo mismo. Esta entrevista del periodista de ficción Will McAvoy, en la serie de televisión *The Newsroom* de la cadena de HBO, a Shelly Wexler, una miembro de Occupy Wall Street, lo refleja muy bien:

WM: *El movimiento Occupy Wall Street ha recurrido a los medios sociales y celebrado manifestaciones y protestas por las calles de la zona financiera.*

Hoy en el estudio tenemos a una de los líderes de Occupy Wall Street, Shelly Wexler. Shelly, gracias por estar con nosotros.

SW: *Es bueno estar aquí, pero yo no soy uno de los líderes de OWS, nosotros no tenemos líderes.*

WM: *¿Es eso una buena idea? ¿No tener líderes?*

SW: *Sí. Sí, porque de esta manera todo el mundo está seguro de tener voz.*

WM: *Suena como un montón de gente hablando a la vez. Pero dinos en pocas palabras por qué protesta OWS.*

SW: *Estamos protestando por una variedad de problemáticas. La cooptación del gobierno por parte de los ricos, la falta de enjuiciamiento por los crímenes que llevaron al colapso de 2008, Ciudadanos Unidos, la desigualdad social.*

WM: *Por lo tanto, ¿no están protestando por una cosa en particular? Protestan contra un montón de cosas...*

SW: *La lista de cosas por las que estamos protestando es tan diversa como los propios manifestantes.*

WM: *He visto a los manifestantes con carteles que dicen: «Somos el 99 por ciento».*

SW: *Sí.*

WM: *Yo soy el uno por ciento. Algunas personas dirían que gano un sueldo excesivo, pero lo cierto es que me pagan exactamente lo que el mercado puede soportar pagarme, lo que significa que me pagan lo que valgo.*

Dime Shelly, ¿por qué sistema reemplazarías al capitalismo?

SW: *Nosotros no... Yo no lo reemplazaría. Me gustaría hacer más justo el sistema.*

WM: *¿Con la aprobación de nuevas leyes?*

SW: *Sí.*

WM: *Pero es el Congreso quien hace las leyes.*

SW: *Sí.*

WM: *Si un miembro del Congreso o un senador o el presidente del Comité de Servicios Financieros o el presidente de la Cámara quisieran escuchar las demandas de OWS, ¿con quién deberían reunirse?*

SW: *No estamos buscando tener una reunión.*

WM: *No serían capaces de encontrar con quién reunirse para conocer sus demandas ya que no tienen líderes, ¿verdad?*

Estoy tratando de encontrar la virtud de un movimiento sin líderes, en el que se escuchan las voces de todos.

SW: *Ése no es el punto. Queremos que cada uno mire Occupy Wall Street y se pregunte: «¿Por qué está sucediendo esto?».*

WS: *Creo que esa respuesta ya la encuentra quien la busca. Pero ¿qué es lo que esperan que suceda después de que la gente se pregunte?*

SW: *Un cambio, esperamos.*

WM: *¿Cómo?*

SW: *De la misma forma en que siempre se han producido los cambios.*

WM: *Idealmente, ¿cómo te gustaría que esto terminara?*

SW: *Quiero que no termine nunca.*

WM: *¿Que no termine nunca? Está bien.*

Incluso si logras meter en la cárcel a los directores de los bancos, revocar una decisión del Tribunal Supremo, garantizar una mayor igualdad social y dar dinero a todo el mundo, ¿seguirás durmiendo en Zucotti Park?

SW: *Como la mayoría de los medios de comunicación, no creo que usted esté tomando esto en serio.*

WM: *¿Hay alguna posibilidad de que no lo estemos tomando en serio porque ustedes no se lo están tomando en serio?*

10. Victimismo

El último elemento del decálogo del perfecto progre es su idiosincrasia victimista. Además de no tener la culpa de nada, el progre siempre es víctima de los acontecimientos. El mundo y la sociedad en general están en contra del progre y en este sentido aparece claramente el desprecio a cuestiones como la meritocracia, el sacrificio o la cultura del trabajo.

El progre se siente víctima de un sistema que fue configurado atendiendo a los deseos del poder económico y que, por lo tanto, tiende a excluir a aquellos elementos que discrepan del modelo establecido. Realmente no es sino una nueva cortina de humo que sirve de coartada para evitar afrontar una realidad. El progre se siente más cómodo en entornos que funcionan a golpe de amiguismo y de la recompensa por el favor prestado.

El complejo de víctimas se basa en lo que Carlos Rangel describió como el mito del buen salvaje en *Del buen salvaje al buen revolucionario.* En esa obra, Rangel nos advirtió que en la época del descubrimiento se creía que Dios no había destruido el Paraíso y que éste se encontraba en alguna isla o lugar perdido en el mundo.[4] Este lugar estaría poblado de buenos salvajes, es decir, de seres humanos no corrompidos. El «buen salvaje» sería un hombre en estado puro, con la inocencia intacta, que viviría en total armonía con la naturaleza y con los demás en comunidades donde no habría ricos ni pobres ni autoridad política alguna.

La popularidad de este mito en Europa fue tal que, en el siglo XVI, un escritor de la talla del francés Michel de Montaigne sostenía cómo era el buen salvaje que supuestamente habitaba América. Según Montaigne, los nativos americanos no tenían «conocimiento ni de las letras, ni de la ciencia, ni de los números», ni reconocerían «magistrados o superioridad política». Tampoco había «riqueza ni pobreza, ni contratos, ni sucesiones, ni dividendos, ni propiedades, ni empleos..., ni ropa ni agricultu-

4. Rangel, Carlos, *Del buen salvaje al buen revolucionario,* Monte Ávila Editores, Caracas, 1982, pp. 31 y ss.

ra, ni metal, ni uso de maíz o vino».[5] En este estado, cercano a la república perfecta para Montaigne, «las palabras que significan "mentira", "traición", "disimulo", "avaricia", "envidia", "retractación" y "perdón" jamás las han oído».[6] Las virtudes naturales de los europeos, en cambio, habían ya degenerado, acomodándose a su «corrompido paladar».[7]

El mismo Montaigne es responsable de la propagación de uno de los mitos más destructivos y persistentes de la historia y que a los latinoamericanos nos ha costado carísimo. Nos referimos a la idea de que el mercado es un juego de suma cero donde lo que uno gana se debe a que otro lo pierde. Decía el francés en un ensayo titulado «El beneficio de unos es el perjuicio de otros»: «Ningún provecho ni ventaja se alcanza sin el perjuicio de los demás; según aquel dictamen habría que condenar, como ilegítimas, toda suerte de ganancias. El comerciante no logra las suyas sino merced a los desórdenes de la juventud; el labrador se aprovecha de la carestía de los trigos; el arquitecto de la ruina de las construcciones; los auxiliares de la justicia, de los procesos y querellas que constantemente tienen lugar entre los hombres; el propio honor y la práctica de los ministros de la religión débase a nuestra muerte y a nuestros vicios; a ningún médico le es grata ni siquiera la salud de sus propios amigos, dice un autor cómico griego, ni a ningún soldado el sosiego de su ciudad, y así sucesivamente».[8]

Esta tesis alimenta la idea de que la riqueza de los ricos es la causa de la pobreza de los pobres y que por tanto debe destituirse a unos para reparar la injusticia cometida sobre los otros. Se trata en el fondo de la misma doctrina marxista según la cual la acumulación de capital basada en la propiedad privada de los medios

5. Montaigne, Michel de, *Essays of Montaigne, vol. 2*, trans. Charles Cotton, revised by William Carew Hazlett, Edwin C. Hill, Nueva York, 1910, p. 67. Versión en castellano de Jordi Bayot Brau, *Los ensayos según la edición de 1595 de Marie de Gournay*, El Acantilado, Barcelona, 2016.

6. *Ibid*, p. 66.

7. *Ibid*, p. 25.

8. *Ibid*, vol. 1, p. 239.

de producción es el resultado de la explotación del empresario. Esta doctrina, como sabemos bien en América Latina, es utilizada por el revolucionario «angelical», como lo llamaba el Che Guevara, para justificar su proyecto criminal y dictatorial.

En su famoso libro *La guerra de guerrillas*, Ernesto Guevara seguiría esta mitología diciendo que el guerrillero era «un hombre que hace suya el ansia de liberación del pueblo» y que «al comenzar la lucha, lo hace ya con la intención de destruir un orden injusto y, por lo tanto, más o menos veladamente con la intención de colocar algo nuevo en lugar de lo viejo». La esencia de esa liberación casi divina consistía para Guevara, como para Rousseau, en terminar con la propiedad privada: «El guerrillero será una especie de ángel tutelar caído sobre la zona para ayudar siempre al pobre [...], la propiedad privada deberá adquirir en las zonas de guerra su función social. Vale decir, la tierra sobrante, el ganado no necesario, para la manutención de una familia adinerada, deberá pasar a manos del pueblo y ser distribuido equitativa y justicieramente».[9]

Hasta el día de hoy esta mitología nutre corrientes populistas socialistas y su lógica refundacional. Y es que, como advirtió Rangel, es en ese esfuerzo por restaurar el orden supuestamente perfecto antes del virus traído por los europeos que el buen salvaje se convierte en el buen revolucionario, en el Che Guevara o el Chávez que quiere, cual mesías, llevarnos a un paraíso perdido que en realidad jamás existió.

«El individuo puede encontrarse en una situación que no eligió. Pero aun en esa situación el individuo siempre posee la libertad de elegir la actitud con la que afrontará dicha situación.» Si encontramos sentido común en este planteamiento del psicoanalista Viktor Frankl, sobreviviente del Holocausto y autor de *El hombre en busca de sentido*, nos encontramos con la realidad de que hasta para ser víctima, hay que decidir serlo. En una publicación que constantemente comparto en las redes sociales para ilustrar esto, basada en una descripción psicológica de las

9. Guevara, Ernesto, *La guerra de guerrillas*, Txalaparta, Navarra, 1998.

maneras de elegir una actitud, confronto al progre con lo siguiente:

«La pobreza mental es la madre de la pobreza material. No su hija. Por eso yo no pienso en los pobres como unos animalitos salvajes víctimas, inútiles e incapaces de salir adelante a los que hay que aventarles comida y ropa de vez en cuando. Tampoco pienso en la pobreza como sinónimo de bondad. Pienso en ellos como los seres humanos que son. Porque la pobreza al igual que la riqueza son condiciones en las que cualquier ser humano podemos caer y salir en cualquier momento de nuestras vidas.

Por eso creo en el empleo como el mejor programa social y no en los regalos esporádicos de papá gobierno.

¿Habrá gente que no quiera salir de la pobreza? No lo creo. Pero sí creo que hay personas que no están dispuestas a hacer lo que se necesita para cambiar su actual condición estén donde estén. Hoy por hoy, sin importar color, credo, origen, nacionalidad, altura o pasado, existen cuatro tipos de personas. Y cada uno de nosotros, con cada decisión que tomamos, decidimos en cuál de los cuatro nos vamos a convertir:

1. Divisores: Aquellos que nacen con oportunidades económicas e intelectuales desde la cuna. Luego crecen y las desaprovechan derrochando los recursos heredados y dedicándose a la vagancia. Mueren más miserables de como nacieron.
2. Multiplicadores: Aquellos que, al igual que los divisores, nacen con oportunidades económicas e intelectuales desde la cuna pero en cambio las aprovechan porque vieron que sus padres y abuelos mejoraron su calidad de vida partiéndose el lomo y tienen bien claro que si ellos quieren esos mismos beneficios, van a tener que hacer lo mismo. Mueren habiendo multiplicado lo que recibieron, no sólo para ellos, sino también para quienes fueron parte de su círculo de influencia.
3. Restadores: Aquellos que NO nacen con oportunidades económicas ni intelectuales desde la cuna. Viven toda su

vida agarrándose a la excusa de que «como no nacieron con oportunidades» están destinados a no salir adelante jamás. Mueren igual a como nacieron. Sin dejar mayores cambios. Su paso por la vida fue irrelevante. Sin acumular lecciones de sus experiencias.

4. Sumadores: Aquellos otros, que a mi parecer son los que más mérito tienen; sin nacer con oportunidades económicas ni intelectuales, luchan y luchan hasta encontrarlas. Deciden no darse por vencidos. Luchan estudiando, luchan trabajando para el vecino, luchan yéndose de mojados a Estados Unidos, luchan estudiando otro idioma desde el cibercafé, luchan utilizando los recursos que tengan a su alcance para encobrar cursos, empleos, becas y habilidades y talentos para aprender. Éstos son los que mueren satisfechos y sorprendidos de lo que la vida le puede dar a aquellos que están dispuestos a vivirla aprovechándola».

6

Progres, culturetas y todólogos (II). La subcultura progre y su reflejo en el cine

El progre se manifiesta con una serie de rasgos perfectamente identificables, pero a la hora de acercarse a la cultura, y especialmente al séptimo arte, expresa una asombrosa capacidad para adherirse y sumar a su causa películas que traspasan la mera producción cinematográfica y se convierten en referentes de «su cultura». Poco importa que estas películas, en esencia, tengan un grito de libertad inherente a sus diálogos.

Es imposible establecer una categoría exclusiva de cine progre que comparta características únicas, comunes e identificables, ya que el progre simplemente transforma algunas películas en ejemplos de lo que él considera que debiera ser el mundo. No obstante, buena parte de las producciones que el progre acoge como modelo relatan la presencia de un gobierno opresor ante el que luchar para conseguir un mundo más justo. Ese concepto básico de la ideología progre se ve reflejado en muchas producciones y el progre lo toma como referencia para poner en marcha su deseo de alcanzar el poder, aunque sea por la vía de la violencia, y poder controlar a sus semejantes.

V de Vendetta

Prestemos atención a las siguientes frases, de indudable conexión y que nos ayudan a entender el mensaje de esta película.

> *Nos dicen que recordemos la idea, no al hombre porque los hombres fallan. Los pueden atrapar, los pueden matar y olvidar. Pero cuatrocientos años después, una idea todavía puede cambiar el mundo. Yo he visto el poder de las ideas. He visto a gente matar en su nombre y morir defendiéndolas. Pero uno no puede besar una idea. No puede tocarla ni abrazarla. Las ideas no sangran, no sienten dolor. No aman. Yo no extraño una idea sino a un hombre. Un hombre que me hizo recordar el 5 de noviembre. Un hombre al que nunca olvidaré.* (Inicio de *V de Vendetta*).

> *La única manera de cambiar el curso de la sociedad será cambiando las ideas.* (Friedrich Hayek).

> *El pueblo no debe temerle a su gobierno. El gobierno debe temerle a su pueblo.* (*V de Vendetta*).

> *Cuando la ley y la moral se contradicen una a otra, el ciudadano confronta la cruel alternativa de perder su sentido moral o perder su respeto por la ley.* (Frédéric Bastiat).

V de Vendetta es una película que adapta una novela gráfica del mismo nombre. La trama está basada en un hecho histórico, la «Conspiración de la Pólvora» (*Gunpowder Plot*), que tuvo lugar en 1605. El complot fue urdido por unos católicos ingleses que pretendían atentar contra las Casas del Parlamento con el objetivo de asesinar al rey Jacobo I de Inglaterra y aupar al trono a un rey más cercano al Papa. En la película la acción se traslada a un futuro ficticio y se centra en las andanzas de un enmascarado que lucha contra un gobierno autoritario.

La ironía es que *V de Vendetta* realmente es una historia que enaltece la libertad individual y que lucha por un gobierno limitado que se aleje del totalitarismo. Ahí es donde el progre como siempre se queda corto. Adopta una película contra el gran gobierno como propia, cuando el progre bajo ninguna circunstancia está a favor de limitar el gobierno. Pero en la disonancia cognitiva propia del progre, el ver una distopía donde hay toque de queda, libros prohibidos, dictadura totalitaria, le resuena a los resultados de tener un sistema de libre mercado.

El motivo principal por el que la película ingresó en el universo progre no es otro que una simple máscara. En la película, el héroe cubre su cara con una máscara que representa a Guy Fawkes, uno de los promotores de la Conspiración de la Pólvora. Aunque la historia de la máscara es más antigua —ya se utilizaba hace siglos en Inglaterra para conmemorar la Conspiración de la Pólvora (5 de noviembre)—, lo cierto es que el diseño introducido en la novela gráfica y tomado después por la película hizo que la cultura progre la convirtiera en un icono de la supuesta lucha contra la libertad. El paso de elemento decorativo de una película a un elemento con significado político se produce sobre todo a raíz de que el grupo antisistema Anonymous tomara esa máscara como avatar de sus acciones. Pero ese antisistema de ninguna manera contempla el sistema de gobierno corrupto, y en lugar de enmascarados protestando por limitar las funciones del gobierno y abogar por las libertades individuales, el progre logra que el propósito de la máscara sea el de promover un gobierno cada vez más controlador en contra de un mercado que opere en libertad.

Tal y como ha ocurrido con la imagen del Che, la máscara se ha convertido en todo un icono pop que se reproduce incansablemente y provocando que muchos olviden su verdadera procedencia y el significado de la misma —un asesino que intentó atentar contra un rey—, que nada tiene que ver con su significado actual: símbolo de un grupo que por sistema entiende el mercado como aliado al gran gobierno.

X-Men

Decía Magneto en esta película que «el hombre siempre ha tenido miedo de lo que no entiende», lo que podemos conectar con otra frase de Ayn Rand: «La minoría más pequeña en la tierra es el individuo. Aquellos que niegan los derechos individuales, no pueden llamarse defensores de las minorías».

La lección detrás de *X-Men* es que no somos iguales. Y está bien que no seamos iguales. Porque en nuestra individualidad podemos desarrollar talentos únicos que nos llevan a cooperar entre nosotros. De hecho, ningún individuo posee los mismos talentos que otro.

En primer lugar cabe explicar que los X-Men son personas que a causa de una mutación genética desarrollan alguna característica sobrenatural, como pueden ser el control de la meteorología o la capacidad de dominar la mente humana. Estos mutantes, protagonistas principales, luchan por formar parte de una sociedad que se niega a aceptarlos por sus talentos, y pretenden utilizar sus poderes para el bien común. Los X-Men, al igual que los individuos que buscan defender sus libertades individuales, deben enfrentarse a dos tipos de enemigos, por una parte los políticos humanos, que no quieren que se integren en la sociedad, y por otra, mutantes que forman otro grupo que lo que busca es la aniquilación de la raza humana.

Pero el progre en esta saga de películas no absorbe el mensaje de la individualidad, ni mucho menos las ventajas de las que nos provee la desigualdad.

Bajo este prisma, en la película los mutantes deben enfrentarse a toda la maquinaria del gobierno que los quiere dejar fuera de la sociedad.

El futuro, tal y como decía el Profesor X, se presenta como «un mundo oscuro y desolado. Un mundo en guerra, sufriendo bajas en ambos lados. Mutantes, y los humanos que se atreven a ayudarlos. Enfrentando a un enemigo al que no podemos derrotar. ¿Estamos destinados a recorrer este camino? ¿Destinados a destruirnos como tantas especies antes que la nuestra? ¿O podemos evolucionar lo suficientemente rápido para cambiar? ¿Cambiar nuestro destino? ¿Está el futuro realmente decidido?».

En un sentido similar, podemos citar el siguiente razonamiento de Hayek, que dice que «la curiosa tarea de la ciencia económica es demostrar a los hombres lo poco que realmente saben de lo que imaginan que pueden diseñar. Para la mente ingenua que puede concebir el orden sólo como el producto de una ordenación deliberada, puede parecer absurdo el hecho de que en condiciones complejas, el orden y la adaptación a lo desconocido se pueden lograr de manera más efectiva mediante la descentralización de las decisiones, y que una división de la autoridad en realidad extenderá la posibilidad de orden general. Que la descentralización en realidad conduce a que se tome en cuenta una mayor cantidad de información».

En relación con este filme, merece la pena acercarse de manera más concreta a dos personajes clave en la saga. En primer lugar el Profesor X, con asombrosos poderes mentales, que es el encargado de reclutar, entrenar y organizar a los X-Men. El Profesor X se esfuerza por recordar a los mutantes que sus grandes talentos pueden ser utilizados en beneficio de la sociedad sin renunciar a su individualidad. Queda aquí plasmado el concepto de que la libertad significa responsabilidad y lo que intenta precisamente inculcar el Profesor X a los mutantes es que existe un mundo de posibilidades infinitas si se atreven a vivir bajo las consecuencias que sus talentos individuales implican. En el polo opuesto, Magneto tiene una profunda desconfianza en la humanidad y a los mutantes a los que consigue seducir les inyecta un mensaje de resentimiento social donde el mundo utópico ideal sólo es posible mediante el exterminio de los humanos. Éste es un mensaje que enlaza mucho con los progres pues todos los líderes guerrilleros marxistas han justificado de una u otra manera el acabar con la vida de quienes piensan diferente, de expropiarles sus pertenencias y de aniquilarles sus libertades en nombre de un mundo mejor. Magneto rescata el pensamiento del mismísimo Karl Marx, quien sostenía que sólo a través de la revolución sangrienta el proletariado virtuoso («los mutantes víctimas» en este caso) iba a ser capaz de asentar los cimientos de una nueva sociedad y de un nuevo hombre donde la utopía finalmente sería posible.

Star Wars

De las innumerables lecciones que nos deja *Star Wars* prestemos atención a lo siguiente:

> *No existen los límites. Sólo nuestros miedos nos detienen.* (Yoda).
>
> *Tu enfoque determina tu realidad.* (Qui-Gon Jinn a Anakin al salir de Coruscant en dirección a Naboo).
>
> *El miedo es el camino hacia el Lado Oscuro. El miedo lleva a la ira, la ira lleva al odio, el odio lleva al sufrimiento. Percibo mucho miedo en ti.* (Yoda a Anakin en el Consejo Jedi).
>
> *Así que es así como muere la libertad. Con aplausos estruendosos.* (Padme al escuchar la muerte de la República en el Congreso Intergaláctico).

Al progre se le olvida que *Star Wars* es la historia de la lucha y de la defensa de la república, del gobierno limitado, del libre mercado interplanetario, llevada a cabo por los Jedis contra el Imperio de Darth Vader.

No es casualidad que los más sabios de la galaxia defendieran el libre mercado interplanetario y la soberanía de cada planeta que sólo la República podía garantizar. No es casualidad que los más opresores de la galaxia quisieran acabar con la República como ese sistema garante de derechos individuales.

Así, la saga más famosa de la historia, películas de culto que enganchan a millones de seguidores sin importar edad ni condición y que hoy en día forman un auténtico imperio global que llega a todos los rincones del mundo, nos deja lecciones sobre la importancia de limitar al gobierno y descentralizar el poder. Ordenada por trilogías, el planteamiento de las mismas, más allá de sutiles variaciones, vuelve a sacar a la luz la lucha de un pueblo por su libertad frente a un gobierno opresor, respaldado por el poder militar y con tendencia a coartar los derechos de sus súbditos. La saga revive la dicotomía entre el bien y el mal representada por dos formas de gobierno enfrentadas.

Hoy en día casi resulta imposible encontrar a una persona que no haya visto al menos alguna de las películas que componen *Star Wars*. Pero desgraciadamente abundan quienes al verla no se dan cuenta de que son precisamente la aniquilación del libre mercado entre planetas y el excesivo incremento de los impuestos a las rutas galácticas de comercio lo que impulsa la guerra entre los defensores de la República y el libre mercado (los Jedis) y los que buscan oprimir la República y cortar los lazos comerciales entre planetas para instaurar una dictadura.

En 2015, con motivo del lanzamiento de la séptima película de la saga, aproveché para dedicar un programa de radio a la República de *Star Wars* y hablar de cómo realmente la historia es la amenaza al libre mercado interplanetario por parte del Imperio que pretende Darth Vader, y la aniquilación de la República a cambio de una dictadura totalitaria intergaláctica. Los progres fanáticos de *Star Wars* que en su vida habían prestado atención a la trama mostraron su indignación con múltiples tuits que cesaron cuando contratuiteé con la imagen de los títulos de inicio del Episodio I:[1]

> «La República Galáctica está sumida en disturbios. Hay protestas contra los impuestos a las rutas comerciales de sistemas estelares. Esperando resolver el problema con un bloqueo de mortíferos cruceros, la avariciosa Federación de Comercio ha detenido todos los envíos al pequeño planeta de Naboo.
>
> Mientras el Congreso de la República debate sin fin esta alarmante cadena de acontecimientos, el Canciller Supremo ha enviado en secreto a dos Caballeros Jedi, los guardianes de la paz y la justicia en la galaxia, a resolver el conflicto...».

Si no fuera por la hipocresía y el cinismo del progre no podríamos explicar de manera coherente cómo es posible encontrar a alguien en una marcha anticapitalista con una camiseta con el retrato de Darth Vader, cuando Darth Vader, lejos de ser un de-

1. El podcast de mi programa «La República de *Star Wars*» lo encuentras aquí: <http://www.libertopolis.com/la-politica-de-star-wars-movies>.

fensor del capitalismo intergaláctico, representa todo lo contrario, buscando aniquilar las relaciones comerciales entre los planetas y pretendiendo para todos un mismo código de normas dictatoriales y el fin de la República y de la soberanía de cada planeta para hacer su propia legislación. La relación es casi tan cómica como ver a homosexuales pasearse con camisetas del Che Guevara, pero ya sabemos que no hay nada más progre que ser incoherente, se lleva en la sangre, y en la camiseta.

Los Juegos del Hambre

> *Quisiera encontrar la forma de mostrarles que no son mis dueños. Si voy a morir, quiero morir siendo yo mismo.* (Peeta Mellark).

> *Bienvenidos al nuevo Panem. Hoy, en la Avenida de los Tributos, todo Panem, un Panem libre, verá más allá que un simple espectáculo. Estamos aquí reunidos para atestiguar un momento de justicia histórico. Hoy, la gran amiga de la revolución disparará el flechazo que terminará con todas las guerras. Que su flecha signifique el fin de la tiranía y el inicio de una nueva era. Mockingjay, que tu puntería sea tan sincera como tu corazón es puro.* (Alma Coin, recién electa presidenta, en la cuarta y última entrega de la saga; acto seguido Katniss le dispara la flecha justo en el corazón).

Una de las últimas películas en sumarse al universo progre. Se trata de una tetralogía de películas basadas en un *best seller* internacional. En este caso nos traslada a un futuro ficticio en el que encontramos una serie de territorios con una función específica encomendada por un gobierno centralista y autoritario. Nos explican que hay distritos encargados de la producción de energía (carbón), otros de la comida (campesinos) y así de todo lo necesario para abastecer al territorio dominante, que vive con un lujo desmesurado y que, además, controla férreamente cualquier intento de subversión por parte de sus «súbditos». Para el progre este futuro ficticio es el ejemplo de lo que pasaría si en el mundo hubiera libre mercado entre las naciones. La explotación de los sectores más poderosos frente a los sectores más pobres y la imposibilidad de moverse de un territorio miserable a uno más pudiente. Sin embargo, este futuro refleja más bien la realidad de todos los Estados que han intentado implementar la agenda marxista. Los muros se han construido en Berlín, en Corea del Norte. Las fronteras se han cerrado en Venezuela, en Vietnam y en China. Las balsas salen de Cuba. En todo caso, el progre pasa por alto que las circunstancias donde hay muros y se divide en sectores el territorio imposibilitando el comercio entre los mismos, no se dan en un sistema donde se acoge el libre mercado sino donde se acoge el socialismo.

Para reafirmar su dominio sobre el resto, el gobierno del distrito central impone que cada año se celebren los denominados «Juegos del Hambre», en los que cada estado periférico debe pagar tributo. Adviértase la analogía, que no es otra cosa que sacrificar a dos jóvenes a un combate a muerte contra el resto de territorios para disfrute del gobierno y del Estado dominante. Ante este sacrificio, es de hecho la filosofía progre la que estaría de acuerdo con sacrificar a unos por el bien de la paz de todos. Desde mi conversación con el trotskista en Argentina hasta la idolatría por el Che Guevara que lleva al progre a justificar los asesinatos y fusilamientos por él cometidos, este tipo de medidas según las cuales hay que sacrificar a unos pocos individuos por el bien y la paz de colectivos mayores es de hecho una idea que va muy en sintonía con el ideario del progre revolucionario, para quien el derecho a la vida es relativo pues sólo merecen vivir los que piensan como progres.

Frente a esta situación se alza la protagonista principal, que desde el inicio de la aventura demuestra su ansia por evitar que su hermana sea sacrificada por el control del Estado opresor.

En la historia hay también elementos que el progre asume como vinculados al desarrollo de la ideología progresista. Los protagonistas de la historia pertenecen al distrito que surte de carbón al gobierno, lo que directamente entronca con los primeros movimientos sindicales y en defensa de los derechos de los trabajadores que surgieron en Inglaterra con los propios mineros en el marco de la Revolución Industrial.

En estos últimos años, y sobre todo a raíz de la crisis económica, el progre utiliza frecuentemente el argumento de la élite dominante que pretende crear un futuro donde el ciudadano de clase media o baja sea simplemente una pieza más del engranaje que le permita seguir disfrutando de sus riquezas y su poder. Pero precisamente surgen élites que gozan de privilegios en Estados totalitarios donde la ley no es igual para todos los individuos, donde algunas industrias gozan de privilegios proteccionistas que los blindan de cualquier competencia extranjera. Y ante esos muros que impiden la libertad individual y comercial, el progre convenientemente permanece callado.

Frente a toda este serie de elementos, el progre llama de nuevo a la «revolución», es decir, a que cada individuo en su campo de acción trate de combatir el orden establecido y denuncie sus abusos. El objetivo, como en toda revolución, es una toma por la fuerza del poder para imponer otra tiranía, la del progre, en la que la imposición ideológica y el pensamiento único serán dogmas de fe. Por eso al final de la saga Katniss asesina a Alma Coin antes de que ésta continúe con el círculo vicioso que, curiosamente, es el que el progre siempre alimenta. Porque la culpa cuando el socialismo termina en genocidios, miseria y crisis humanitaria jamás es de las ideas. La culpa siempre es del líder que en el camino se torció y traicionó las ideas. Así, según el progre, la culpa no es del comunismo ni del socialismo, la culpa fue de Stalin que se corrompió. La culpa no es de la idea de una economía controlada, la culpa es de Fidel que se torció en sus propósitos. De Chávez, de Evo, de los Kirchner, de Lula Pero jamás la culpa es de las ideas. Por eso se explica que las ideas siempre revivan como un zombi que ahora en el caso de España, en la forma de Pablo Iglesias, tiene a una nueva Alma Coin en la que miles están depositando sus esperanzas mesiánicas una vez más.

Matrix

Tienes que comprender que la mayor parte de los humanos son todavía parte del sistema. Tienes que comprender que la mayoría de la gente no está preparada para ser desconectada. Y muchos de ellos son tan inertes, tan desesperadamente dependientes del sistema, que lucharán para protegerlo. (Neo).

Inspirada en el mito de la caverna de Platón, *Matrix* nos enfrenta al dilema de esos pocos individuos que salen de la cueva abandonando a la tribu hipnotizada por las sombras que proyecta la fogata, completamente ignorante de que está desperdiciando toda su vida contemplando reflejos de la realidad sin jamás conocerla. Esos individuos, al inicio cegados por la luz fuera de la caverna, regresan desesperados para tratar de convencer a los otros de que hagan lo mismo, de dejar de perder el tiempo, de ver la realidad por lo que realmente contiene.

Esta sensación es una con la que los libertarios nos identificamos. En el momento en que leemos *Rebelión de la granja* de Orwell o *La rebelión de Atlas* de Rand, en que nos topamos con algún escrito de Hazlitt o quizá de Bastiat, sentimos que hemos salido de la caverna. Que finalmente estamos viendo la luz. Que la libertad es una e indivisible y que habíamos permanecido engañados por los progres que rechazan la libertad económica y por los conservadores que no ponen buena cara ante los conocimientos que nos arroja muchas veces la ciencia, y que tampoco acogen las libertades individuales.

Eso es lo que probablemente sintieron infinidad de progres que después de ver la luz fuera de la caverna, estudiando economía, se volvieron liberales. Entre ellos, Ludwig von Mises, Friedrich Hayek, Carlos Sabino, Mario Vargas Llosa, quienes, preocupados por los problemas dentro de la caverna, se atrevieron a salir de ella.

Pero cuando el progre ve la película *Matrix*, lejos de pensar que la caverna está constituida por las sombras del totalitarismo, el odio a la libertad, el rechazo a los conocimientos empíricos y la idolatría hacia el Estado, tiende a pensar que la Matrix es ese juego sucio de un mercado materialista y explotador donde el sistema nos obliga a hacer dinero y abandonar nuestros sentimientos. Y es que el progre no comprende que el mundo en su mayoría se mueve bajo las ideas incongruentes que él mismo sostiene. El progre piensa que él y su pensamiento son la aguja en el pajar. Que en el mundo de hecho lo que hace falta es implementar las ideas socialistas. Pero cualquiera que le presta atención a la realidad tal cual es se da cuenta de que, de hecho, lo que abunda en el mundo es la implementación de las ideas progres. En el mundo no hay naciones con libre mercado absoluto. Todas las naciones, por muy libres que sean, cuentan con subsidios, privilegios proteccionistas, aranceles, trabas burocráticas para proteger de alguna u otra manera algunas de sus industrias. En el mundo la concepción de que existen cosas «gratis» como la salud o la educación es comúnmente aceptada. Y más son los lugares donde se expande el Estado Benefactor y la corrupción que deriva del mismo que los lugares donde se acorta.

El primer ejemplo de esto es Estados Unidos, que cada año y con cada proteccionismo, subsidio, arancel e incremento a su deuda, que ya rebasa los 20 trillones de dólares, se aleja cada vez más de los principios de la república instaurada por sus padres fundadores. El mejor ejemplo de que las ideas progres son la regla y no la excepción somos precisamente nosotros, Iberoamérica, el único lugar en el mundo que, tras el evidente fracaso del comunismo ante la caída del muro de Berlín, rehúsa salir de la caverna y en su lugar rebautiza las sombras de la fogata nombrándolas ahora «Socialismo Del Siglo XXI», predominando como los agentes Smith en Cuba, Venezuela, Nicaragua, Ecuador, Bolivia, España, en la Cámpora argentina, y los cegados por Lula y Dilma en Brasil.

Morfeo proclama en la película: «No existen preguntas sin respuesta, sólo preguntas mal formuladas». Precisamente porque el progre se queda atrapado en la fase adolescente dentro de la caverna protestando por la pobreza, el hambre, la desnutrición, el machismo y la corrupción sin jamás tomar un libro para estudiar economía y ver «la luz», el progre cree que las respuestas libertarias no sirven para nada. El progre se queja pero no está dispuesto a estudiar el sistema para verlo tal cual es y darse cuenta de que es la falta de libertad (y no la abundancia de la misma) la que tiene a la mayoría de los individuos en la región esclavizados ante sistemas corruptos. Por eso el progre, viendo las sombras que arroja la fogata, lo que pide es más fuego, para que las sombras sean más grandes. Por eso el progre, cuando protesta por la corrupción del gobierno, denota la mala formulación de su proceso analítico cuando como solución propone «más gobierno».

En contra de ideas como la de Neo («no creo en el destino porque odio pensar que no soy yo quien controla mi vida»), otra de las contradicciones del progre se encuentra en que por un lado se siente el epicentro de la rebeldía y el agente revolucionario capaz de cambiarnos la mentalidad a todos, mientras que por otro, desconfía de que cada individuo haga uso de su libertad porque en su determinismo histórico está estipulado que esto inevitablemente nos llevará a la mutua destrucción. Pues el individuo es malo y por eso no hay que dejarlo en libertad. Al mismo tiempo, el progre asume esa postura de héroe paternalista ante la gente pobre a la cual (sin explícitamente decirlo) considera demasiado débil, demasiado atrofiada por el sistema, como para poderse parar por su propio pie haciendo uso de sus tres derechos individuales: vida, libertad y propiedad privada.

Esto me recuerda a la pregunta que me hizo un señor en Tucumán, Argentina, durante la presentación de nuestro libro *El engaño populista*. Me preguntó si yo no consideraba que a veces nuestra visión del mundo menospreciaba a los pobres. Le respondí que mi visión del mundo no contempla que el pobre sea un inútil, un animalito salvaje al que hay que aventarle ropa y comida porque por sí mismo se muere. Que en realidad el espíritu humano trasciende la pobreza y la riqueza, que son meras condiciones en las que todos podemos entrar y salir en diferentes momentos de nuestra vida. Humillante en cambio me parece la visión que los progres tienen de los pobres al verlos como subhumanos que no están listos para ser libres. Por eso cuando el progre quiere apropiarse del mensaje de *Matrix* ignora frases como la de Morfeo, que nos recuerda que somos nosotros los que controlamos nuestra vida.

En este sentido, *«Matrix te posee. Tú te crees dueño de tu vida, de tus acciones, de todas esas pequeñas o grandes cosas que haces cada día, pero... ¿Cómo podrías demostrar que todo esto no es una ilusión? ¿Nunca has tenido un sueño que pareciera muy real? ¿Cómo sabrías entonces diferenciar sueño de realidad?»* (Morfeo).

Esta frase es típicamente otra de las que utilizan los progres para tratar de contraargumentarnos. Según el progre, vivimos en un sistema que nos tiene esclavizados por el mercado y el materialismo salvaje, donde nos dan la ilusión de que somos libres porque podemos escoger entre la marca de un producto u otro cuando en realidad somos esclavos del mercado. Cuando me tiran en cara este pseudoargumento, lo que he aprendido a responder es que el mercado no es obligatorio para nadie. Supongamos que finalmente una nación implementa libre mercado absoluto y dentro de esa nación surge un grupo de amigos que rechaza ser parte de las transacciones del mercado. Este grupo ha decidido que van a vivir sólo de lo que ellos mismos produzcan, en un área común donada por uno de ellos, usando trueque en lugar de dinero. En ningún momento en ese país ese experimento sería prohibido ni sus integrantes se meterían en problemas. Porque la libertad implica también la libertad de no querer participar. Por lo tanto, el mercado no es una Matrix inevitable siempre que haya libertad. En cambio, en todos los países que han puesto en marcha el ideario marxista, donde la economía está monopolizada por el gobierno, si a mí y a un grupo de amigos se nos ocurre montar una zona franca de libre comercio para empezar a traer productos de todas partes, el régimen comunista o socialista nos mete en la cárcel o nos fusila. Por eso, cuando realmente quieras averiguar si vives en la Matrix, pregúntate cuáles serían las consecuencias de no participar en el juego.

Así, *«Si tomas la pastilla azul la historia acaba, despiertas en tu cama y crees lo que tú quieras creer. Si tomas la roja te quedas en el País de las Maravillas y te enseño qué tan profundo es el hoyo. Recuerda, sólo te estoy ofreciendo la verdad, nada más.»* (Morfeo).

La literatura ahí está. La evidencia ahí está. El que realmente está comprometido con acabar con la pobreza no se queda en el berrinche adolescente de quejarse y quejarse sin aprender. Se pone a investigar, estudia economía, historia, conversa con las personas para conocer sus verdaderos anhelos. Evoluciona a la parte adulta de proponer soluciones en lugar de pretender que el causante de los problemas (el gobierno) venga a hacer la solución.

La Ola

La Ola (2008) es una película alemana basada en la novela homónima de Morton Rhue (Todd Strasser). Narra el experimento de la Tercera Ola, que tuvo lugar en Estados Unidos en 1967, en el que un profesor de historia trataba de mostrar a sus alumnos que nuestras sociedades no están libres de ser nuevamente amenazadas por el fascismo.

A lo largo de la semana de proyectos de un instituto, los estudiantes que se apuntan a la clase de autocracia van a aprender de forma práctica cómo puede controlarse a una sociedad mediante la introducción de símbolos, imágenes, lenguajes y, sobre todo, la creación de un sentimiento de pertenencia y un espíritu gregario que limita, casi sin ellos darse cuenta, su voluntad.

En el imaginario progre, los totalitarismos son sólo de derechas, y como ejemplo de ellos, el nazismo. Quizá de ahí que alaben esta película por su crítica a este totalitarismo, obviando que todos los totalitarismos son iguales y que la supuesta tendencia de unos u otros —tendencia que no es tal, puesto que, como cualquiera sabe, incluso el nazismo surge del socialismo (escapa ahora al objeto de este libro detenernos en ello)— es sólo una forma de clasificar el horror y muerte que causaron, la negación de la libertad de las personas y la eliminación de cualquiera que se opusiera a la ideología dominante. O quizá que la hayan convertido en icono tenga que ver también con la estética, al igual que ocurre con *American History X*. Estética limpia y pulida que rechazan, si bien ellos son los primeros en tener su propia imagen y uniformidad.

Esta película muestra que, efectivamente, no estamos libres de la amenaza de cualquier tipo de totalitarismo. No hay más que ver lo que está ocurriendo recientemente en Europa con los populismos de nuevo cuño y de similares comportamientos y discursos, aunque intenten diferenciar lo igual vistiendo unos de derecha y otros de izquierda, del pueblo. Por supuesto, los segundos, más legítimos que los primeros, son los que nos llevarán, por fin, a la tierra pro(gre)metida. Sin embargo, la película ha sido entendida y defendida por los progres como una defensa de la libertad no frente a cualquier dictadura, sino frente a las por ellos denominadas «dictaduras de derechas», encarnados ellos en la figura de la estudiante que, conociendo La Ola, se resiste a su seducción.

Capitalismo: Una historia de amor

A lo largo del libro hemos expuesto en muchas ocasiones que uno de los principales enemigos del progre es Estados Unidos, que para el progre va asociado indisolublemente a conceptos como capitalismo, militarismo, abuso de poder y conspiraciones. Si hay un cineasta que ha logrado mejor que nadie captar esa sensibilidad progre ése es Michael Moore, y ése es el motivo por el que cada película documental que estrena es recibida por los progres como un alarde de la libertad de prensa y una ventana desde la que observar la realidad oculta del país más poderoso del mundo.

Lanzado a la fama después de su retrato de la América más profunda y su amor a las armas tras la masacre de Columbine, Michael Moore ha seguido deambulando entre la crítica y la sátira al país que lo vio nacer. Moore ejerce, para regusto de los progres, de conciencia crítica, de pepito grillo intentando sacar las vergüenzas de un país con una visión estrecha y dirigida hacia asuntos polémicos. Disfrazado de humorista, Moore realmente se esconde bajo la demagogia y los clichés para enseñar una «realidad», pero como en muchas ocasiones es imposible mostrar la realidad de una sociedad si lo único que se quiere enseñar son las cloacas.

En *Capitalismo: Una historia de amor* el pseudocineasta estadounidense presenta un personalísimo ensayo de lo que considera que es el funcionamiento del capitalismo y el libre mercado en su país. Lo que consigue Moore es un documento audiovisual en el que se reafirman todas las teorías progres referentes al «poder» de los mercados y a cómo el poder económico utiliza a las clases más bajas en su interés para finalmente quedarse con su dinero de una u otra forma.

Tanto en la cinta como en intervenciones posteriores, Moore anima el debate sobre la devaluación democrática de los sistemas occidentales poniendo en duda que los canales de participación ciudadana sean suficientes para recoger la voluntad del pueblo. Moore insta a la participación de los ciudadanos en la vida política como única vía posible para cambiar una sociedad, pero, como en muchos ejemplos de hipocresía progresista, para cualquier buen progre que se precie la participación sólo es válida en el caso de que las opiniones vayan en consonancia con su forma de pensar. En el caso de que la participación se exprese en otro sentido será descalificada y ridiculizada.

Capitalismo: Una historia de amor termina siendo una aventura pretenciosa en la que el «humor» de Moore se mezcla con testimonios que muestran las consecuencias más duras de la crisis económica, y termina degenerando en un cajón de sastre de temas en los que el único vínculo que comparten es que el capitalismo es el diablo. La película carece de ritmo narrativo y es tan inconexa que ni siquiera consigue el objetivo de convencer a los ya convencidos seguidores de Moore.

Oliver Stone

En el caso del director neoyorquino se personaliza de una manera clara y evidente como la cultura progre es capaz de elegir y elevar a personajes culturales a la categoría de símbolo.

Oliver Stone es, sin duda, uno de los directores de cine más importantes desde el último cuarto del siglo XX. Sin embargo, el progre no lo adora por su extensa filmografía o por la calidad de sus películas, para el progre pasó a convertirse en un elemento de culto después de su significación política y su retrato descarnado de algunos de los momentos más complicados de la historia reciente de Estados Unidos.

En realidad, Stone no ha cambiado en este tiempo, pero el progre tardó en descubrirlo y convertirlo en una herramienta más de su lucha política. Stone ha intentado reflejar con sus películas y documentales los hechos más relevantes y los aspectos más controvertidos de la sociedad estadounidense de la última parte del siglo pasado. La trayectoria de Stone está irremediablemente marcada por su inicio y sobre todo por la trilogía que dedicó a la guerra de Vietnam, uno de sus temas fetiches. *Platoon*, *Nacido el 4 de julio* y *El cielo y la tierra* fueron estrenadas entre 1986 y 1993, y sobre todo las dos primeras están consideradas entre las mejores películas sobre Vietnam. Stone dibuja en ellas universos sórdidos donde salen a la luz los peores instintos del ser humano como reflejo de la brutalidad de la guerra.

Stone pretende retratar los excesos de la guerra y las consecuencias, físicas y psicológicas, que sufren todos los que participan en ellas. La crudeza de la vida en un pelotón, el regreso a casa de un soldado traumatizado por los horrores y la imposibilidad de relacionarse de aquellos que han sufrido en primera persona un conflicto armado son expuestos por Stone sin anestesia. La conexión con el progre es sencilla: más allá de que las películas son para el progre una demostración palpable de los horrores de la guerra, como hemos señalado con anterioridad una de las características que definen a los progres es el pacifismo, movimiento que se popularizó a raíz de la oposición de buena parte de la sociedad estadounidense a la guerra de Vietnam. Para el progre, Stone es el cronista oficial de los excesos cometidos por el imperialismo yanqui en el Sudeste Asiático.

La influencia de Stone en la cultura progre también está marcada por sus retratos de la sociedad y la política norteamericanas. El director extiende las dudas sobre la célebre teoría de la conspiración que siempre ha rodeado la muerte de John F. Kennedy en *JFK*, se ha acercado a la vida de dos de los presidentes más polémicos, Nixon y Bush, ha buscado mostrar la trastienda del fútbol americano y también se atrevió con el 11-S.

No obstante, en este subgénero su cinta más destacada, y aplaudida, es *Wall Street*. En la película, para regocijo de los progres, se enseña al espectador la «cara b» del centro financiero del mundo, buscando demostrar que hay una élite de personas que se mueven únicamente por el interés económico y que para conseguir sus objetivos son capaces de prácticamente todo. Como en el caso de sus películas sobre Vietnam, el éxito de Stone y su penetración en la cultura progre es que logra que una película de ficción sea tomada como un fiel reflejo de la realidad.

Si los anteriores elementos son suficientes para explicar la ascendencia de Stone sobre la cultura progre, todavía hay un aspecto más que termina por instalar al director americano en el altar de la progresía más recalcitrante. Ya en su última etapa profesional, Stone se ha especializado en el género del documental político, fascinado por el ascenso de gobiernos de izquierda en América Latina. El fenómeno es analizado en su conjunto en *Al sur de la frontera*. Quizá Stone debería revisar la cinta y plantear una segunda parte que contara el desastre económico y social que se vive actualmente gracias a los gobiernos de los entonces alabados Chávez, Kirchner o Lula da Silva.

Si cantar las maravillas de los gobiernos «progresistas» de Latinoamérica le abrió las puertas del cielo progre, su santificación para la eternidad llegó con los retratos personalísimos de los «grandes líderes» de los movimientos totalitarios latinos, Fidel Castro y Hugo Chávez. *Comandante*, *Looking for Fidel* o *Mi amigo Hugo* dejan pocas dudas sobre el posicionamiento político de Stone y sonrojan a un espectador objetivo que compare el tratamiento que el cineasta dispensa a los dictadores latinos con el retrato que hace de los presidentes estadounidenses en anteriores películas.

La batalla por los milenials

El Instituto Cato realizó un estudio sobre por qué los milenials son progres y consideran el socialismo como una solución. En sus hallazgos, se descubrió que el milenial es socialista porque no sabe lo que es socialismo.

Sólo uno de cada diez milenials que apoyan el socialismo puede definir el concepto de lo que significa este sistema. El milenial vive en una disonancia cognitiva que no le retumba. Por eso es fácil verlo con un iPhone y un estuche protector con la cara del Che Guevara y puede pasar años sin que esta contradicción le repercuta. Sin embargo, el estudio también demuestra que los milenials valoran mucho su libertad individual y son la generación que más rechaza el racismo, el machismo, la subyugación de la mujer y el clasismo. También se demuestra que el milenial tiene una alta confianza en las tecnologías como herramientas para superar los problemas ecológicos y humanitarios a los que nos enfrenta el siglo XXI. Y por si fuera poco, el milenial también tiene un aprecio por la cultura del emprendimiento.

Siendo la generación que ha contado con toda la información que la especie humana ha recopilado desde sus inicios hasta hoy, la inmediatez también hace que el milenial no profundice en sus conocimientos. La batalla por ganar las mentes de los milenials se lleva a cabo segundo a segundo en las redes sociales. Sabiendo los progres de la disonancia cognitiva de los milenials y su poco aprecio por el estudio y la lectura en profundidad, comúnmente tratan de llevarlos a su lado. Por eso, si confiamos en que la libertad no debe desaparecer del ideario de la humanidad, quienes la defendemos debemos utilizar las redes sociales para ayudar a los milenials a ver los mensajes que están latentes en el arte en general. Este vistazo a estas películas pretende ser un ejemplo de cómo los defensores de la libertad podemos utilizar la cultura pop para motivar a los milenials a profundizar en sus análisis.

Yo soy milenial. Nací el 9 de marzo de 1985. Soy lo que se considera la primera camada de milenials. Crecí sin saber que era una milenial. En esa época el *New Age* hablaba de los nacidos en los años ochenta como los niños índigo que venían a transformar el planeta. Mis recuerdos de cinco años incluyen ver las imágenes en la tele de la caída del muro de Berlín. Utilicé casetes, teléfonos de disco, y el primer ordenador que usé tenía sistema DOS, como sus colores: negro y naranja. Sabía del *Titanic* antes de la película, del secuestro del hijo de Limberg, de boleros y Mecano. Crecí en un mundo sin teléfonos móviles y a los quince años por primera vez jugué a las serpientes en un Nokia. Mis clases de mecanografía en sexto de primaria las hice en una máquina de escribir. Crecí rodeada de libros de papel y todavía me dejaron jugar a la intemperie con mis perros, subiéndome a los árboles y chapoteando en el lodo sin aplicarme antibacterial. Nosotros, los milenial 1.0, tenemos mucho que recordarles a los milenial 2.0 (nacidos entre 1990 y 1995) y a los 3.0 (nacidos de 1996 en adelante). La mitad de la batalla ya está ganada por el aprecio que le tiene el milenial a su libertad, su individualidad, a las tecnologías, a la ciencia, la irreverencia ante las instituciones y la apuesta por el emprendimiento personal. Pero la otra mitad dependerá de nosotros, los defensores de la libertad, de que podamos ser tan efectivos en 140 caracteres como en Snapchat, para hablarles a los milenials 2.0 y 3.0 en su idioma.

Algunas otras grandes frases sobre la libertad que contienen películas y series son éstas de la reciente y muy laureada *Juego de Tronos*:

> *¿Por qué será que en el momento en que el hombre construye un muro, el siguiente tiene la necesidad de saber qué es lo que hay al otro lado?* (Tyrion Lannister).
>
> *Una vez que has aceptado tus defectos, nadie puede usarlos en tu contra.* (Tyrion Lannister).
>
> *Mi hermano tiene su espada, mi hermana su belleza, el rey Robert tiene su martillo de guerra y yo tengo mi mente... Y una mente necesita de los libros como una espada necesita de una piedra para poder afilarse. Por eso he leído tanto, Jon Snow.* (Tyrion Lannister).
>
> *Ustedes no me deben su libertad a mí. Yo no puedo darles su libertad a ustedes porque SU libertad no es mía para dársela. Les pertenece a ustedes y sólo a ustedes. Si la quieren de vuelta, entonces sólo ustedes por sí mismos deben tomarla de vuelta. Todos y cada uno de ustedes.* (Daenerys Targaryen).

Con estas frases de *Juego de Tronos* vemos que esto es precisamente lo que los progres no entienden o no quieren entender. Para ellos nadie es dueño de su libertad. Para ellos la libertad la da lo material. Y lo material lo tiene que dar el Estado. Sin lo material y sin un gran Estado, ellos creen que uno no puede ser libre. La realidad es que tu libertad te pertenece desde que naces. Y es usando tu libertad como diseñas tu vida. Sólo tú decides de qué cosas, o personas, te vas a volver esclavo o te vas a liberar.

Porque la libertad implica responsabilidad sobre las consecuencias que tus propios actos generan. Sólo las personas que tienen esa habilidad de responder (por eso se llama respons-habilidad) son libres. Los que no infunden en el resto un pánico a ser libres, porque en el fondo son ellos los que viven aterrorizados de hacer uso de su libertad, pues eso implicaría que deben hacerse responsables de sus propias existencias. Y ese terror los lleva a buscar en el comunismo o en el socialismo que sean otros los que carguen con las consecuencias que sus existencias generan.

7

El Estado del Bienestar: la tierra pro(gre)metida

Los orígenes del Estado del Bienestar son tan remotos como ignotos para un progre, pero, como a estas alturas ya sabemos, su superioridad moral es inversamente proporcional a su rigor académico y su conocimiento histórico, y directamente proporcional a la tergiversación que pueda hacer de cualquier hecho histórico, económico, político o social que convenga a la construcción de su discurso.

Y lo es tanto que confunde categorías y ha terminado por utilizar la denominación de Estado del Bienestar para definir una suerte de utopía tan bien intencionada como irreal. Ocurre de forma similar a su posicionamiento sobre el pacifismo, el ecologismo o el feminismo. Nadie es más pro Estado del Bienestar que un progre, aunque no sepa ni su origen, ni siquiera qué significa o en qué se diferencia de figuras afines como el Estado social, que de hecho es el que se reconoció de forma mayoritaria tras la segunda guerra mundial.

Si no conocen su origen o significado, pretender que conozcan su fundamentación ideológica o el papel que le corresponde a cada agente en él, es una utopía aun mayor que la que ellos pretenden alcanzar. De hecho, es frecuente ver cómo se tambalean sus débiles cimientos cuando les descubres que detrás de cada mejora hay un gobierno en las antípodas del progresismo.

Lo que todos tienen claro y repiten a modo de argumentario pueril es que el Estado modelo a imitar es el Estado del Bienestar sueco, que la sanidad y la educación sólo son buenas si las proporciona el Estado, que todas las personas tienen derecho a que el Estado les dé una vivienda, un trabajo y, muy recientemente incluso, al devengo de un salario por existir, ¿qué si no es la renta básica?

Esto último es la penúltima de sus majaderías, su penúltimo intento de vivir como parásitos del Estado, cuya defensa realizan con argumentos cada vez de lo más peregrinos, como que vamos a ser sustituidos por máquinas. Éste es de mis favoritos, la obsesión que tienen de repente por las máquinas y los robots. No es de extrañar, ya que el primero que tuvo esta obsesión fue el mismo Karl Marx, que en su *Crítica del programa de Gotha* lo deja bastante establecido. Aunque ninguna de las predicciones hechas por Marx se cumplió, el progre sigue creyendo que las máquinas los van a comer.

Veamos algunas de las predicciones de Karl Marx que en la realidad nunca se cumplieron:

1. Marx: «La máquina reemplazará al hombre y la mayoría de los hombres vivirá en la miseria».

   Realidad: Hoy por hoy existen más profesiones de las que había en 1848 (fecha de publicación del *Manifiesto comunista*), incluyendo las creadas por industrias como videojuegos, astronomía, publicidad, moda, medios de comunicación, internet, genética, neurocirugía, psicología, nutrición, entre miles. Y de cada siete personas vivas, seis ya no viven con menos de un dólar al día.

2. Marx: «La segunda fase del comunismo es posible y logrará una sociedad de paz y armonía».

   Realidad: Ninguno de los países que han intentado implementar el comunismo (entre ellos China, las más de veinte naciones que componían la Unión Soviética, Cuba,

Vietnam o Venezuela) lograron alcanzar la segunda fase, en la que el dinero, la propiedad privada y el Estado serían abolidos. En su lugar, estos experimentos ocasionaron lo opuesto a lo que Marx dejó escrito en el papel, incluido el genocidio de más de cien millones de personas, que nunca lograron vivir ni en paz ni en armonía.

3. Marx: «Habrá más países comunistas que no comunistas y el dinero no existirá».

   Realidad: Pese a que la mitad del territorio mundial se sometió al comunismo, hoy hay menos países comunistas que nunca y el dinero nunca ha dejado de existir en ninguno de ellos.

Ciertamente, no dudo que hay trabajos que van a ser realizados por máquinas sin necesidad de supervisión de ninguna persona en el futuro, ya en algunas industrias lo hacen, e incluso ya hay administraciones que cuentan con máquinas similares a cajeros automáticos para expedir certificados, pero también es cierto que hay trabajos mecánicos que gracias a los avances de la ciencia y la tecnología no necesitan hoy ser realizados por los hombres. Pero ¿van acaso a atacar a la ciencia y a la tecnología? No; o quizá sí..., son progres, pueden hacer una cosa y, la contraria, no lo olvidemos. Ahora bien, hasta ellos saben que sin progresos en ciencia y tecnología no tendrían sus iPhones. Espero que tras leer esto monten manifestaciones para defender a las antiguas telefonistas, cuyos puestos de trabajo fueron eliminados gracias a que el avance de la ciencia y la tecnología nos ha permitido disponer de un teléfono propio con el que comunicarnos. Y cuando eso suponga que los robots y quien los construye y los arregla pierdan también su trabajo, monten otra huelga para defender entonces sus derechos... ¿Acaso hay plan mejor que una huelga? Para un progre no. De hecho supera en mucho a la manifestación.

En Suecia parece que permanecen al margen de los robots... Quizá un punto más para seguir considerándolo el paraíso en la tierra, una sociedad a imitar en todo aunque no sepan absolutamente nada de la sociedad sueca, de su sistema político o económico. Pero ¿qué importa? En el imaginario progre es la sociedad a imitar. El problema es que quizá no sepan que estamos todos de acuerdo en que hoy en día precisamente su Estado del Bienestar es un modelo a imitar: no hay duda de que las medidas para reducir el gasto social que implementaron hace ya varias décadas son cuestiones a imitar.

El conocimiento del progre, como ya hemos visto, se limita a una serie de imágenes preconcebidas que le sirven para argumentar, con poca solidez como uno puede imaginar, su tierra pro(gre)metida. Y la imagen que tienen de los países nórdicos —Suecia en general, y Finlandia como referente educativo— es idealizada pero real para ellos. No carece absolutamente de realidad, no obstante, pero sí de actualidad.

Su modelo de Estado social, como lo fue durante mucho tiempo el modelo sueco, es un modelo intervencionista e intensivo en gasto público. Un modelo que en situaciones de bonanza económica es lesivo a la libertad y al bolsillo, y en momentos de crisis conduce al colapso económico y a la pobreza. Porque algo que el progre no termina de asimilar, o lo que es peor, no quiere asimilar, es que el dinero «sí» es de alguien y no crece en los árboles, y para pagar prestaciones sociales, no todas necesarias, es imprescindible sacar el dinero de algún sitio.

Con modelos sociales cuya principal fuente de ingresos son las cotizaciones derivadas del trabajo y los impuestos, valga la redundancia, es evidente que en situaciones de crisis éstas se van a ver resentidas, y como el dinero no puede fabricarse al antojo del progre, por más que él lo desee, es lógico que será necesario decidir en qué es más importante gastar el dinero público, que si es de alguien es nuestro, de todos los ciudadanos. Eso lleva a la necesidad de realizar ajustes en el gasto o recortes, según le interese al progre y siempre que los realice la derecha neoconservadora y neoliberal, que no se preocupa por las personas ni los pueblos (si lo hace el progre son medidas necesarias).

Aunque sí, lo son, son recortes de un excesivo e insostenible gasto público que nos lleva a todos al abismo de la deuda y el empobrecimiento.

A juicio del progre, como ya hemos mencionado, el Estado es una suerte de Robin Hood que quita a los ricos para dar a los pobres. Como ya bien señalaba Ayn Rand en *La rebelión de Atlas*, es el buen parásito: «Es considerado como el primer hombre que asumió un halo de virtud por practicar la caridad con riqueza ajena, por regalar bienes que él no había producido, forzando a otros a pagar por el lujo de su piedad. Él fue quien se convirtió en el símbolo de la idea de que la necesidad, no el logro, es la fuente de los derechos; que no tenemos que producir, sólo desear; que lo merecido no nos pertenece pero lo inmerecido sí. Se convirtió en una justificación para cualquier mediocridad que, incapaz de ganarse su propia vida, exige el poder de disponer de la propiedad de los que son mejores que él. Es la más vil de las criaturas —el doble parásito que vive de las llagas del pobre y de la sangre del rico— es lo que los hombres han llegado a considerar un ideal moral. Y esto nos ha llevado a un mundo en el que cuanto más produce un hombre, más cerca está de perder todos sus derechos, hasta que, si su capacidad es suficientemente grande, se convierte en un ser sin derechos entregado como presa a cualquier solicitante, mientras que para poder estar por encima de los derechos, de los principios, de la moralidad, donde todo se permite incluso el saqueo y el asesinato, lo único que un hombre tiene que hacer es tener una necesidad».[1]

Sobre esto último, los ricos, o lo que ellos consideran los ricos, es preciso apuntar que son todos los que tienen dinero (el límite de riqueza va oscilando de más a menos, por raro que parezca, según si el progre tiende a la socialdemocracia o al comunismo) siempre que no sean progres, porque un progre, por mucho dinero que tenga, nunca será un rico, nunca, aun cuando aparezca en la conocida lista Forbes.

Si un progre tiene dinero, de hecho puede incluso optar por paraísos fiscales o complejos productos de inversión para evitar que los ricos —que no son ellos—, se lo apropien, pero su acción nunca se verá sometida a la consideración pública porque al fin y

1. Rand, A., *La rebelión de Atlas*, Grito Sagrado, Buenos Aires, 2008.

al cabo lo suyo es suyo y lo tuyo también es suyo, que para eso son progres y capaces, como no podía ser de otra manera, de decidir mejor que tú dónde está tu dinero. Ahora bien, si no eres progre, tu dinero, mucho o poco, es susceptible de ser apropiado por un siempre bienintencionado progre. Lo hacen por tu bien.

Esa obsesión por actuar en nombre de otros y por no dejar elegir llega a la prestación de los servicios básicos o a la decisión de si una vivienda o un trabajo o un salario pueden considerarse dignos, como si el único parámetro de la dignidad fuera la supuesta moralidad progresista. De hecho, lo es.

El progre se encuentra, en cambio, con un problema: la realidad. La socialdemocracia está en crisis. Los ciudadanos están votando a gobiernos conservadores, de derechas, que defienden la aplicación de la ley y, en algunos casos, la responsabilidad individual. Y no lo entienden. ¿Cómo es posible si ellos tienen la razón? La socialdemocracia se ha basado en el grupo frente al individuo, en el dirigismo frente a la libertad, en el decirte qué es lo que tienes que hacer (con tu dinero, con tus impuestos, con tu vida) y que tú no puedas elegir y, en definitiva, en decirte lo que es bueno para la sociedad, independientemente de si eso es bueno para todos los individuos que la conforman. Su problema es que los contextos cambian, esos grupos a los que se dirigían también. ¿Quiénes son los obreros, los asalariados, los parados, los pobres, los ricos, la clase media? ¿Tienen todos los mismos intereses? ¿Tienen todos las mismas necesidades? ¿Se puede responder a todas estas necesidades a la vez (y con el dinero de quién)?

Ante sus dudas y sus debates autorreferenciales, los progres no se dan cuenta de una cosa: su problema está en la base. Porque, si nos fijamos en los individuos y les dejamos que ellos mismos piensen qué es lo que quieren, qué es lo que necesitan y les dejamos la libertad para conseguirlo, los individuos y la sociedad en su conjunto se beneficiarían. Pero claro, en este esquema el progre y el Estado desempeñan un papel residual. Y ésa no es su tierra pro(gre)metida.

La educación. ¿Deberes?, ¿qué deberes? La disciplina y el esfuerzo

La educación es, sin duda, el objetivo del progre en cualquiera que sea el país que podamos analizar. No obstante, a pesar de lo que el lector pueda estar pensando, no es porque les preocupe la formación de nuestros menores; basta fijarse en sus propuestas de reforma para darse cuenta de que no es la calidad, la excelencia y la mejora de resultados lo que persiguen. Y estos objetivos, desde luego, los cumplen. De hecho, no hay más que ver los nefastos resultados de las reformas educativas cuando son llevadas a cabo aplicando su más férrea ortodoxia y situando el igualitarismo, también en la formación, como único objetivo.

Si hay algo que tiene claro un progre es que la educación es una política fundamental a intervenir para conseguir crear ciudadanos sin criterio propio que pueda manejar a su antojo, y de ahí que sea lo primero en lo que quiera hacer permear su visión de cómo ha de ser la sociedad. De ahí que no dude en copiar viejos modelos de propaganda que a lo largo del siglo XX se instauraron en las escuelas por los diversos totalitarismos que asolaron Europa desde su primer tercio.

No sorprende por ello que lo primero que detesten es cualquier reforma que incida más en la instrucción y menos en la educación. A diferencia de lo que supusieron las primeras políticas educativas hace ya casi dos siglos, centradas en la alfabetización y en la instrucción de los ciudadanos, hoy estas políticas se caracterizan por el intento (logro, en muchos casos, pese a las reticencias de muchos) de suplantar el papel de la familia y de los propios individuos en la educación de sus hijos. La adquisición de conocimientos parece haber pasado a un segundo plano en detrimento de los comportamientos, los sentimientos y la empatía, cualidades todas que deben explorarse en el aula —no negamos ese punto—, pero no han de ser enseñadas allí. El triunfo de la pedagogía frente a la enseñanza y el aprendizaje.

La suplantación de la familia por la ortodoxia pseudorreligiosa impuesta por la pedagogía, sumada a la falta de interés de muchos de nuestros conciudadanos de dirigir su propia vida en detrimento del Estado, ha facilitado el camino para que la educación, en su peor acepción, haya quedado en manos del Estado.

Como decíamos, la educación no deja de ser un perfecto instrumento de adoctrinamiento de generaciones futuras y es precisamente el usado por los progres para llevar a cabo su proyecto de tierra pro(gre)metida, un lugar utópico para ellos en el que los valores básicos de cualquier sociedad libre y responsable brillan por su ausencia. La disciplina, el esfuerzo o el mérito son sólo valores a sustituir por la ignorancia, el conformismo y el igualitarismo, que son los que permitirán dominar a los ciudadanos.

Lo primero que tenemos que tener en cuenta al dirigirnos a un progre, en éste o en cualquier otro aspecto relacionado con nuestros derechos y deberes como ciudadanos, es que los segundos no existen salvo por parte del poder público cuando éste no es progre. Ya sabemos que el progre está por derecho laico investido de autoridad moral y de legitimidad suficiente para dirigir nuestra existencia, y por esa razón, cuando ellos ejercen el poder —o traducido a su lenguaje, cuando ocupan el papel que les corresponde como supremos mejores directores de la vida de sus conciudadanos—, todas sus actuaciones son por sí mismas legítimas y justificadas. Si las ejerce otro, serán siempre lesivas de derechos. Porque lo que tenemos, en su lenguaje, como decía antes, son necesidades que se adjudican como derechos.

Pero se olvida el progre de que todo derecho conlleva siempre un deber. ¿A qué puede deberse este olvido? Como cualquiera sabe, siempre que no sea progre, todo derecho conlleva un deber, y todo deber una responsabilidad, pero en el infantil imaginario del progre la ecuación se limita a tener derechos y trasladar a otros los deberes así como la responsabilidad de sus acciones. Y esto es trasladado a toda su gestión, pero muy preocupantemente a la política educativa, una de las más importantes para garantizar el crecimiento y la riqueza futura de un país.

Haber provocado esta traslación de responsabilidad y haber dejado a la política educativa sin uno de sus cimientos, la asunción de deberes, y por tanto de responsabilidad, fue sólo el primer paso para desterrar del ámbito educativo dos importantes valores correlacionados que han de estar presentes en cualquier sistema educativo exitoso que se precie de serlo: la disciplina y el esfuerzo.

Las reformas educativas que los socialistas han ido acometiendo desde mediados del siglo XX han ido progresivamente desterrando estos valores en pro de una mal entendida igualdad que ha provocado que cualquier exigencia a los estudiantes sea considerada un elemento segregador, como de hecho siguen esgrimiendo sus pancartas cada vez que una nueva reforma educativa se propone cambiar esto.

Esto ha supuesto que frente a la lógica de seleccionar a los más aptos para cada actividad, y a la asunción madura de que no todas las personas sirven para lo mismo, el igualitarismo progre haya desterrado progresivamente, valga la redundancia, cualquier atisbo de exigencia. Así, las evaluaciones, los itinerarios o la elección son considerados en este momento los grandes males de la educación.

Denostar el esfuerzo, unido al absurdo de la falta de exigencia y de responsabilidad, lleva hoy incluso a que las becas sean consideradas un derecho, y la exigencia de un mínimo para acceder a ellas, un absoluto despropósito. Ya no nos detenemos en la exigencia de mínimos académicos para mantenerlo. A juicio de un progre, es un derecho que se devenga, y una vez se obtiene, dura para siempre. Ello se puede aplicar también a la educación superior.

A la educación se le ha añadido también el calificativo de «democrática», como si la educación pudiera serlo (lo que no hace sino demostrar que efectivamente no conocen el concepto de democrático). Esta democratización (absurda) de la educación lleva, a su juicio, a que cualquiera pueda acceder a cualquier grado formativo de forma gratuita sólo por el hecho de ser ciudadano de un determinado Estado. No negaremos que el acceso ha de ser libre para cualquier ciudadano, pero más allá de la educación obligatoria sí cuestionamos que deba ser gratuita. Entendiendo «gratuito» en el sentido de un progre, que no tiene nada que ver con ser gratuito.

Todo ciudadano tiene derecho, y deber, de recibir una formación básica, pero una vez recibida ésta, ¿hemos de sufragar todos con nuestros impuestos su formación superior? ¿Hemos de hacerlo en su totalidad? ¿No sería acaso más justo —puesto que ello le va a suponer al beneficiario un mayor rendimiento futuro— que tuviera que sufragar al menos el 50 por ciento del coste de su educación superior?

Pensemos si no, por ejemplo, en un albañil. Le vaya mejor o peor, es evidente que su techo profesional no es muy alto. En cambio, una persona que curse un grado o incluso un máster en ingeniería tendrá, a priori —efectos del mercado laboral aparte—, una mayor posibilidad de tener un alto techo profesional. Y, sin embargo, es el albañil el que con sus impuestos financia la formación del ingeniero. ¿No sería acaso más justo que el futuro ingeniero financiase mayoritariamente su propia formación y los impuestos del albañil fueran destinados a prestaciones sociales que tuvieran como destinatarios a todos los ciudadanos?

Si lo hablas con un progre, no, porque todos tenemos derecho a ser ingenieros, y si tardamos el triple en lograr nuestro título tampoco pasará nada, el Estado seguirá financiando en su mayor parte dicha formación, aunque ello suponga que se gaste en exceso y que no se pueda destinar ese dinero a algo de mayor importancia para todos. O, lo que sería la solución óptima, a —poco a poco— aligerar el gasto público y dar un poco de oxígeno a los bolsillos de nuestra clase media, que es la que, en definitiva, financia estas prestaciones.

Evidentemente, a estas cuestiones relativas a la falta de esfuerzo, o al infantilismo imperante, podemos añadirle la carencia total de disciplina y autoexigencia. Bien pensado, por qué exigirnos si podemos hacerlo al Estado. Por qué intentar buscar nosotros mismos nuestra excelencia, cada uno dentro de nuestras aptitudes y capacidades, si podemos pedir al Estado, incluso exigirle, que nos haga alcanzar aquello que ansiamos. Quizá al lector le pueda resultar incomprensible, pero si quiere llegar a comunicarse con un progre no espere de él que priorice la satisfacción de lograr algo por uno mismo frente a la posibilidad de tenerlo porque lo merece o tiene derecho. En su lógica, si otro lo tiene, él tiene derecho a tenerlo. Aplicado al ámbito educativo, esto se traduce en una satanización de cualquier método de evaluación, que a su juicio sólo segrega, selecciona y discrimina.

Cuba, el paraíso de la educación

La educación pública en América Latina es un desastre. Principalmente porque quienes pagan los impuestos para sostenerla no son los que mandan a sus hijos a la escuelas estatales, y quienes reciben estos impuestos, los sindicatos de magisterio, se han convertido en *sindigarcas* que llegan a robar, como ocurre en mi país, Guatemala, hasta 97 centavos por cada quetzal que se le asigna al rubro educativo. Si pagan aquellos a quienes no les afecta que la educación sea mala, si quienes la reciben pertenecen al 80 por ciento de la economía informal que no paga un solo centavo de impuestos, y si quienes la imparten roban hasta el 97 por ciento de los impuestos, es lógico que la educación estatal sea una porquería y que nadie haga nada al respecto.

Más allá de eso, nos damos cuenta de que si los gobiernos nos quieren estúpidos porque es más fácil manipular a una manada de borregos que no piensa que intentar someter a un grupo de individuos pensantes y capaces de analizar y cuestionar, es como bastante utópico que el progre pretenda que quien nos quiere estúpidos (el gobierno) sea precisamente al que ellos le adjudican la absoluta responsabilidad sobre la educación.

Ante esta realidad, el progre tiene a Cuba como el paraíso en la tierra. Seguro, las abogadas prefieren volverse prostitutas a cambio de toallas sanitarias y los ingenieros ganan más siendo taxistas, mientras que los médicos ejercen de camareros. Pero para el progre nada de eso importa porque «nadie en Cuba es analfabeto y todos están educados, mientras que en el resto de América Latina llora sangre ver las escuelas y el abandono de los niños». Qué importa si esa educación incluye adoctrinamientos robóticos para volver a los niños zombis de la revolución más larga y fracasada de la historia de la humanidad. Cada vez que la ONU o Unicef publican los altos índices de educación que hay en la isla (formulados por el propio régimen único que existe, por supuesto), el progre no duda en replicar la noticia en las redes sociales para intentar callarnos la boca a todos los que osamos denunciar que en Cuba no hay libertad.

Dicen que la ignorancia es felicidad. Y si lo analizamos, a la larga resulta más cruel mantener en la miseria a alguien que estudió matemáticas, que sabe de leyes, que ha desarrollado su talento, su creatividad y su ingenio para mejorar su calidad de vida, y que se encuentre con que no tiene la libertad de hacerlo. En cambio, un niño que de por sí ya sufre un retraso mental debido a la desnutrición crónica que padece desde el día que nació, que jamás fue a la escuela, que no sabe nada de nada, como que tampoco sabe lo que se está perdiendo, ¿no? Al respecto, cuando pienso en los cubanos, pienso en las palabras de la bloguera cubana Yoani Sánchez cuando dice:

«Me siento como un pájaro al que le dicen "cállate, cómete el alpiste y bebe agua. Y no te quejes de vivir en esta jaula" cada vez que alguien me dice que debería de estar agradecida porque en Cuba la salud y la educación son "gratis". Pero ni la salud ni la educación en Cuba son gratis. Se pagan con los recursos que los cubanos producen y que en un 90 por ciento se los quitan los Castro. No sale de las fortunas ni de Fidel ni de Raúl. Y habrá educación pero es de adoctrinamiento. Donde mi hijo se mete en problemas a los seis años por no querer cantar que quiere ser como el Che, cuando la maestra lo obliga por cumplir con el currículo escolar dictado por el régimen. Y de nada te sirve convertirte en un profesional, para pasar a ser un esclavo del siglo XXI como lo son nuestros médicos viviendo en condiciones paupérrimas o nuestros ingenieros, que tienen que sobrevivir siendo taxistas o camareros.[2]

Si el gobierno te quiere estúpido, ¿por qué esperas que el go-

2. Entrevista realizada a Yoani Sánchez en las noticias del Canal Antigua (Guatemala) en octubre de 2016.

bierno te eduque? La gran lección que están dejando los regímenes del socialismo del siglo XXI y la corrupción de los países latinoamericanos como el mío, donde los *sindigarcas* roban más del 90 por ciento de los recursos, es que si seguimos esperando que el gobierno nos eduque, nos vamos a quedar ignorantes. El peligro de seguir escuchando al progre en este tema es que no se le ocurre una idea mejor.

Por eso, en 2016, harta de la corrupción del sindicato de maestros de Guatemala, lancé la campaña digital *#LoQueJovielNoTeEnseña: El gobierno te quiere estúpido. ¡Sólo tú puedes impedirlo!* En el vídeo de lanzamiento,[3] explico que Joviel Acevedo lleva casi veinte años monopolizando el sindicato de magisterio de Guatemala y los resultados han sido nefastos: las escuelas se caen a pedazos, los niños nunca terminan el año escolar a tiempo porque el reglamento indica que aunque el maestro esté de huelga en lugar de dando clases, siempre recibirá su salario. Y las consecuencias no se han dejado esperar: más del 60 por ciento de los maestros no aprueban las evaluaciones de matemáticas y cerca del 40 por ciento no aprueba las pruebas de lectura. Como consecuencia, el 80 por ciento de los niños suspende matemáticas y el 75 por ciento no tiene comprensión lectora.

Con el ánimo de ponerle fin a la locura de seguir esperando que nos eduquen los que nos quieren estúpidos, todos los días yo compartía un conocimiento académico disponible en internet. Compartí la serie *Cosmos* de Carl Sagan y Neil deGrasse Tyson porque considero que lo que ahí se enseña sobre biología, ciencia, el universo, nuestro ADN y la composición química de nuestro entorno no hay ningún profesor sindicado, o incluso de escuelas privadas, que lo enseñe así de bien. Compartí infinidad de libros en PDF, cursos de economía, historia, ciencia, documentales. El objetivo: demostrar que el conocimiento ya no es un bien escaso y que estés donde estés depende de tu voluntad y disciplina adquirirlo.

En el siglo XXI la pastilla contra la ignorancia se llama Goo-

3. Vídeo de lanzamiento de #LoQueJovielNoTeEnseña. Disponible en: <https://www.youtube.com/watch?v=GOjj_7lCN8w>.

gle. Se recomienda una dosis diaria como mínimo (vean Charla TEDx UFM 2012 Encontrando Tu Pasión).[4]

La mejor sanidad del mundo

Si nos remitimos a la historia del Estado social, la sanidad fue pronto objeto de preocupación por todos los Estados, y al igual que ocurrió con casi todas las políticas sociales que hoy se visten de un halo de generosidad, su motivo fue, en parte, egoísta, como también comentaremos en relación con la vivienda.

Así, una población enferma no sólo podía transmitir enfermedades sino que, además, suponía un menoscabo en la productividad. Ello convertía en imprescindible dar, cuanto menos, una mínima asistencia. De hecho, ello se ve en la creación del sistema de seguridad social tal y como se estableció en la mayor parte de los países europeos con posterioridad a la segunda guerra mundial, el modelo ideado por Beveridge. Este modelo, del gusto de un progre de bien que se precie, organizaba en un sistema único las prestaciones de seguridad social (hasta entonces organizadas en un sistema de seguros) financiándolas vía cotizaciones. El sistema permitía, por un lado, asegurar un mínimo de bienestar a cada ciudadano, así como garantizarle unas coberturas (mayores o menores dependiendo de cada sistema nacional), pero al mismo tiempo, al contar con trabajadores más sanos, de ello se beneficiaba la economía.

Su financiación vía cotizaciones es, con todo, su mayor problema, como en general en todo el sistema asistencial, ya que en épocas de bonanza económica y poco desempleo su sostenibilidad es plausible pero en cambio, sus deficiencias son puestas muy de manifiesto en períodos de crisis. Así se ha hecho sentir especialmente en dos momentos desde su instauración: a finales de los años setenta, tras la crisis del petróleo de 1973, y en la reciente crisis económica de la última década,

4. <https://www.youtube.com/watch?v=MFxPP6IqEtQ>.

en la que la supervivencia económica, e incluso del propio modelo del Estado del Bienestar, reclamaba ajustes para su supervivencia. No todos los ajustes se han realizado, pero se han vuelto a mostrar las deficiencias y muchos no perdemos la esperanza, como ya ocurrió con el modelo sueco, paradigma del Estado del Bienestar para el progre de bien. ¡Ojalá cunda el ejemplo y otros sigan pidiendo lo mismo que en Suecia!, sobre todo en materia sanitaria. Aunque no sepan qué ocurrió en Suecia.

Como bien narra Mauricio Rojas en *Reinventar el Estado del Bienestar. La experiencia de Suecia*,[5] el modelo sueco, intervencionista e intensivo en gasto —ninguna novedad respecto al resto— quebró y tras la grave crisis de los años noventa fue reformulado, dejando de lado la idea de ser un Estado benefactor y aplicando auténticas reformas para garantizar la viabilidad, como, por ejemplo, la gestión privada de bienes públicos. Esto en el lenguaje de un progre es lo que se llama privatizar, aunque no sea tal, y la titularidad siga siendo privada. Volveremos sobre ello.

Cualquier persona sensata y con criterio —lo que no es predicable del progre medio— llega a la misma conclusión a la que llegaron los suecos —y otros muchos— sobre la necesidad de modificación y de buscar, siempre garantizando un mínimo (concepto sobre el cual podríamos discutir largo y tendido), un sistema que combine a la vez una buena prestación del servicio, calidad y eficiencia en el gasto. Cualquier persona sensata sabe también que el sistema perfecto no existe. Podemos aceptar un sistema óptimo dadas unas circunstancias y en un momento y lugar determinado, como pudo ser el modelo posterior a la segunda guerra mundial, pero no un sistema perfecto para cualquier país y circunstancia a lo largo del tiempo. Cualquier persona sensata lo sabe, salvo un progre.

Podemos coincidir con ellos en que la sanidad ha de ser universal y quizá gratuita, aunque por una y otra cosa entendemos

5. Rojas, Mauricio, *Reinventar el Estado del Bienestar. La experiencia de Suecia*, Gota a Gota Ediciones, Madrid, 2010 (2ª ed).

cosas distintas, sobre todo en lo segundo, ya que algo que un progre no tiene claro, y espero que el lector en cambio sí lo tenga, es que la sanidad no es gratis, porque nada es gratis. Todo tiene un coste, ya sea de tiempo, de recursos o de voluntad. La sanidad es de hecho muy costosa, la pagamos por vía impositiva —no es necesario entrar en precisiones—, otra cosa es que no paguemos nada en el momento de ir al médico, por ejemplo. Sin entrar a discutir cuestiones relativas a los posibles copagos o si deberían o no establecerse, ya que escapan a nuestro objetivo, lo cierto es que tras la segunda guerra mundial se acuñó y extendió la idea de que la sanidad, y las escuelas, debían y tenían que ser gratuitas, y además, debían ser también universales.

Esto segundo es menos discutido por unos y otros, ya que son infinitos los motivos que califican de más beneficioso incluir a toda la población y poder realizar, además, políticas de prevención. Lo que no significa, a pesar de la confusión de muchos, es que la universalidad implique que cualquier circunstancia haya de estar cubierta.

De ahí la falaz confusión que pretendían en los años más cruentos de la crisis en Europa. La crisis no dejó fuera del sistema sanitario a ninguna persona, y siguió siendo universal y gratuita pese a los ajustes. Lo que sí ocurrió es que fue necesario plantear medidas de contención del gasto. No sobre el alcance del sistema o la calidad del mismo, que nunca se vio en entredicho, pero sí sobre su forma de prestación. Esto último, de hecho, es uno de los temas favoritos para discutir con cualquier buen progre que se precie de serlo.

Un mantra que un progre tiene claro es que para que una prestación cumpla todas las garantías de pureza ha de ser prestada sí o sí por el Estado, y, de ser posible, sin ningún margen de elección por parte del ciudadano. De ahí esa lucha contra cualquier forma de libertad de elección a la que nos hemos referido en el capítulo 1, máxime si ello se pretende en ámbitos como la sanidad o la educación. Por supuesto, quien elige por ti es ese Estado sobreprotector que sabe en todo momento lo que mejor y más te conviene, incluso mejor que tú mismo.

Sorprende, si no eres progre, pensar con esa lógica de la que ya hemos hablado, y sorprende también el exceso de celo en controlar quién y cómo lleva a cabo una prestación. O no, quizá no sorprende tanto.

Si pensamos en cosas cotidianas nos daremos cuenta de que casi nunca sabemos de dónde viene todo, y realmente, no nos importa, queremos que lo que disfrutamos y/o consumimos satisfaga un deseo o necesidad y lo haga de forma que nos complazca. Porque en el imaginario progre queda muy bien preocuparse por el origen de las cosas, salvo por el de tu móvil última generación o tus zapatillas último modelo. De ahí que en el ámbito sanitario al progre le preocupe más quién presta el servicio y quién paga el salario del facultativo que si se hace con calidad y teniendo siempre como centro al paciente.

Así, para nuestro progre de bien, cualquier aspecto no público significa la privatización sanitaria; que no se atienda a una persona si no tiene dinero o no presenta su visa como quien presenta una tarjeta de visitas, ni aun en el caso de una urgencia; o que se vea afectada la calidad. Llega incluso al absurdo, por supuesto sin sonrojarse, de cuestionar la calidad de la prestación del servicio por parte de un médico según éste actúe en la medicina pública o privada, como si un facultativo comprometiera su responsabilidad y su buen hacer ejerciendo la medicina de forma distinta según quien le pague la nómina, argumento que, de hecho, esgrimen también con los docentes según trabajen en la enseñanza pública, privada y concertada.

Cuando esto ocurre el eslogan será uno de sus habituales, «la sanidad sólo para ricos», en muchas ocasiones comparando con otro de sus erróneos clichés sobre la nefasta sanidad estadounidense, de la que tampoco saben nada. Sólo creen saber, porque así lo cuenta el cine, que únicamente te atienden si tienes dinero, aun en el caso de urgencias (obviando una importante ley que ya permitió la asistencia en urgencias), y que el presidente Obama vino al mundo cual mesías progre para salvar a los estadounidenses con su reforma. Obvian, una vez más, que como ya se está demostrando, la reforma no ha sido una solución a ninguno de los problemas estructurales que sí tiene el modelo sanitario estadounidense.

Pero, como ya hemos dicho también, pedir rigor es demasiado para cualquier buen progre; lo que sí tiene claro, y debe tenerlo también usted, es que si el médico es un funcionario público, que trabaja en un hospital público dirigido y gestionado por funcionarios públicos o similares, y todo es pagado por el Estado, funcionará siempre y en todo caso bien y de forma eficiente. En cambio, si el hospital o quien lo gestione es privado, todo va en detrimento de la salud y hay que combatirlo, y cualquier indicador será siempre usado de forma indecente y demagógica para ellos y como argumento de peso para reclamar, sobre todo, más fondos. Ya sabemos a estas alturas que para un progre todo se soluciona con más dinero.

Maldito capitalismo. ¡Comamos mal y tengamos todos los hijos del mundo! Total, papi Estado paga la cuenta.

Otra cosa que el progre no abarca es que la salud empieza por una buena alimentación y una adecuada salud reproductiva y educación sexual. Ocuparse de quién va a administrar los hospitales es tan sólo ver el último eslabón de la cadena. Porque en Estados Unidos el efecto de los subsidios está matando a su población. Monsanto, la empresa productora de maíz cuya historia se cuenta en el documental Food Inc.,[6] está tan altamente protegida de la competencia internacional por el gobierno de Estados Unidos y recibe tantos subsidios que produce tanto maíz que su exceso es utilizado para alimentar vacas, peces y cerdos. Naturalmente, estos animales no están «diseñados» para consumir maíz, con lo cual empiezan a hacer su aparición tumores y otras enfermedades. El azúcar ha sido sustituido por el sirope de maíz en la mayoría de las golosinas, chocolates y dulces producidos en Estados Unidos. ¿Resultado? Seis de cada diez niños menores de doce años tienen obesidad; los infartos, la diabetes y el cáncer se han multiplicado. ¿Y acaso el progre busca la solución en exigir que a Monsanto se le quiten los proteccionismos y los subsidios para que no produzca excedentes que en un libre mercado no tendría?, ¿en exigir que los animales coman algo más acorde con sus nece-

6. El documental FOOD Inc, puede verse en: <https://www.youtube.com/watch?v=cc_mhoFH3j0>.

sidades biológicas y que el sirope de maíz no reemplace al azúcar? ¡NO! ¡Por supuesto que no! El progre se limita a aplaudir que se le siga incrementando el presupuesto a ObamaCare para atender a más obesos, más diabéticos, más infartos y más enfermos de cáncer.

Lo mismo ocurre con la educación sexual y reproductiva, que podría salvar a tantos niños de la desnutrición y de la muerte. En países como el mío, que, comparado con la apertura mental de ciudades como Buenos Aires, Madrid, Bogotá o Ciudad de México, está medio siglo atrás, el progre no es tan progre a la hora de exigir que las mujeres del área rural reciban educación sexual y reproductiva. No es *cool* para el progre volverse *target* de la Iglesia católica en un país donde en la prensa de los domingos, en la página 3, se publica la homilía del arzobispo. Por supuesto, intentar recordar a las personas que los principales responsables de la sanidad, la alimentación y el afecto de los niños que traen al mundo son el hombre y la mujer que decidieron tener sexo libre y voluntariamente es un pecado mortal que sólo a inhumanos desalmados como yo se nos ocurre cometer, porque obviamente somos lacras que no conocemos la realidad del país. Ése ha sido otro de los flagelos de los gobiernos populistas. Prohibido decirle a la gente que los niños no caen del cielo y que los padres son los primeros responsables de sus necesidades y derechos. Ni qué decir de intentar recordar a las personas de bajos recursos que un niño no está nutrido adecuadamente si su dieta se basa en maíz y frijoles. Eso es atentar contra el nacionalismo patriótico, donde el frijol y el maíz son sagrados. ¿Resultado? Uno de cada dos niños menores de cinco años en Guatemala está desnutrido de manera crónica. Cuatro de cada diez mujeres en Guatemala están anémicas y obesas simultáneamente. Por cierto, el tipo de desnutrición que no se cura y que produce un retraso mental irreversible es la desnutrición crónica.[7] Cada año, más de dos mil niñas de entre nueve y catorce años quedan embarazadas des-

7. A quien quiera profundizar acerca de los estragos mentales y sociales que produce la desnutrición le recomiendo leer *Así se combate la desnutrición*, del doctor Abel Albino *et al.* (Santa Fe, 2016).

pués de haber sido violadas por sus padres, abuelos, tíos o hermanos.

Pero atentar contra la cultura indígena con perversiones occidentales como la pastilla anticonceptiva, los preservativos o la alimentación equilibrada son tareas que el progre, a la hora de preocuparse por la salud, no está dispuesto a hacer.

Lo cierto es que la salud es una cosa de todos los días que depende mucho más de lo que nos metemos en la boca que del presupuesto que los burócratas le designen al sindicato de salud. Y una adecuada alimentación salvaría más vidas en América Latina si los campesinos, en lugar de vender toda su cosecha para poner gaseosas y chucherías en la mesa de sus hijos, volvieran a comer de su propia agricultura. Pero para tomar buenas decisiones hay que estar informado. Y desgraciadamente, en América Latina los problemas de salud se deben más a la ignorancia sobre cuál es la alimentación adecuada o sobre cuáles son las medidas para tener sólo los hijos que una pueda mantener de manera digna. Y el progre desperdicia más tiempo pidiendo aumentos en presupuestos... Que nada resuelve un barril con fondos mucho más profundos.

La dignidad de la vivienda

La vivienda, pese a que parezca una reivindicación moderna, fue ya objeto de atención tras la segunda guerra mundial, como hemos avanzado en el anterior punto. De hecho, al igual que ocurría con otras prestaciones, como también dijimos, lo fue por un motivo tan altruista como considerar que si los trabajadores tenían un techo bajo el que dormir serían más productivos en el trabajo.

Su constitucionalización, sin quitarle importancia, no fue sino un paso más para dotar de fuerza jurídica —constitucional— a un concepto de tal difícil definición como «vivienda», y sobre todo, «vivienda digna».

Podemos llegar a positivizar qué es una vivienda, aunque ello nos lleve a dejar fuera determinados lugares usados como vivienda que quizá difícilmente merezcan tal consideración, aun cuando debamos respetar que hayan sido elegidos libremente. No obstante, ello es fácilmente solucionable con un concepto amplio de vivienda.

Podemos incluso entender que se recoja el derecho de acceso a la vivienda, dejando de lado los infinitos problemas que esta positivación supone y sus condiciones de exigencia. No obstante, sí queda claro que el derecho a una vivienda no implica que el Estado tenga que proporcionárnosla.

Lo que ya es más difícil aceptar —si somos personas sensatas no atrapadas por el buenismo— es el derecho, a secas, a una vivienda o el derecho a una vivienda digna. Primero, por los evidentes problemas que supone para papá Estado, ya que una cosa es facilitar el acceso a una vivienda, con la dificultad que ello conlleva, y otra bien distinta es otorgar un derecho a una vivienda, con todo lo que ello implica. Por ejemplo, la Torre de David es el apodo con que se conoce una de las torres más altas de la ciudad de Caracas, inmortalizada en la cuarta temporada de la serie *Homeland*. Esta torre nunca fue terminada porque antes fue expropiada por el régimen de Chávez. Acto seguido, personas que vivían en las favelas aledañas a la capital venezolana se mudaron a vivir a la torre. Ahí está el ejemplo de un Estado dando vivienda. El problema es que en dicha torre no hay electricidad, ni agua, ni ventilación..., con lo cual, si uno visita Caracas, como yo lo hice, y pasa junto a la torre no le será difícil ver como desde el piso 20 una señora arroja al suelo en pleno día una cubeta llena de orines y heces fecales. Pero ése es el paraíso de igualdad donde «todos tienen donde vivir» que el progre tanto alaba.

A pesar de ello, no lo entiende así un gran número de progres. La mayoría, de hecho; que ante la dificultad de acceso a una propiedad o al alquiler (como gran parte de la población) no duda en reclamar —cualquiera que sea el punto desde el que se considere— la siempre costosa intervención del Estado, o en justificar la ocupación de la propiedad privada, en este último caso amparados casi siempre por la falta de actuación rápida de muchas administraciones, más pendientes de ofrecer una imagen amable que de cumplir a tiempo con la normativa, y ello unido al uso demagogo que la prensa, siempre al servicio del buenismo progre, hace de estas actuaciones.

Decíamos que si difícil es defender el derecho a una vivienda como tal y sin matices, más lo es conceptualizar qué es una vivienda digna. Y, llegados a este punto, ¿quién ha de determinar en qué medida una vivienda así querida por sus propietarios puede ser calificada de indigna? ¿Tiene acaso que tener una vivienda determinadas características para calificarla como digna? ¿Quién y en base a qué lo determina? ¿Existe acaso un estándar de dignidad material?

No podemos negar que el progresismo lo ha intentado todo, esto también. En España, durante las legislaturas de José Luis Rodríguez Zapatero —uno de los mayores exponentes de este progresismo de salón—, la política de vivienda ocupó casi más portadas que órdenes del día del Consejo de Ministros, y no por su eficacia —que hubiera sido deseable—, sino por tan absurda como imaginativa y costosa, pero «buenista» como pocas. Por absurdo que parezca, se llegó a emplear dinero público en la fabricación de unas zapatillas, las Keli Finder, para que los jóvenes buscaran piso. Los mismos jóvenes a los que se sedujo con una ayuda para el alquiler que sólo en las ciudades pequeñas servía verdaderamente para favorecer que se independizaran, y que en toda España sólo sirvió para que se incrementaran los precios de los alquileres. Serían sólo dos absurdos ejemplos si no hubieran ido más allá y hubieran llegado a determinar la superficie mínima que una vivienda tenía que tener para ser considerada digna, sin ruborizarse de que pudieran serlo los llamados «minipisos» de la ministra socialista María Antonia Trujillo, de 30 metros cuadrados, o a determinar cuántas personas podían habitar por metro cuadrado en cada vivienda, que eran aproximadamente una cada 15 metros cuadrados. Ello al tiempo que impedían que en el caso de la vivienda protegida se pudiera destinar más del 40 por ciento de la renta.

Además, el progre quiere cuidar al pobre ciudadano de pie, al que considera inculto, incapaz e incluso analfabeto. Seguramente, haya habido directivos dentro de algunos bancos que han actuado, en múltiples ámbitos, de manera reprobable. De ahí a decir que todos los bancos actúan así todo el tiempo es más cuestionable. En España se ha visto con las cláusulas suelo en las hipotecas. Finalmente, el Tribunal de Justicia de la Unión Europea ha declarado nulas estas cláusulas suelo a raíz de una sentencia del Tribunal Supremo. Como indica Juan Ramón Rallo, el propio tribunal no las declaraba ilegales en sí mismas, puesto que forman parte esencial del contrato hipotecario. De hecho, si alguien no quería tener este tipo de cláusulas, bastaba con elegir (palabra maldita) una hipoteca a tipo fijo, que suelen ser más caras en el corto plazo pero reducen el riesgo a medio o largo plazo. Lo que sustentó la sentencia fue que las cláusulas suelo no eran comprensibles ni claras para los hipotecados. Rallo nos proporciona algunos ejemplos de estas cláusulas «incomprensibles». He aquí una muestra: «El tipo de interés resultante para la parte prestataria no será en ningún caso inferior al 3,50 por ciento nominal anual ni superior al 7 por ciento nominal anual».[8]

Tras estas sentencias, los progres gritaron: ¡Los bancos!, ¡el capital!, ¡el mal! Y salieron en defensa de estos pobres ciudadanos, indefensos, incultos e incapaces.

Recordemos: un progre sabe siempre dónde está mejor su dinero, y conoce, siempre mejor que usted, su capacidad de gasto y de inversión.

¿Y la igualdad?

Lo primero que hemos de cuestionarnos es, ¿igualdad en qué? ¿Cuándo estarán satisfechos los progres que piden igualdad?, ¿cuando todos tengamos la misma cantidad de televisores?, ¿los mismos zapatos?, ¿la misma cantidad de videojuegos?, ¿de medicinas? Porque mientras haya innovación (y en este mundo gracias a los inventos que producen muchas mentes), va a ser impo-

8. <http://blogs.elconfidencial.com/economia/laissez-faire/2016-12-22/clausulas-suelo-defensa-banco_1307839/>.

sible alcanzar esa igualdad, porque todos los días va a surgir algo nuevo que al inicio, como ya dijimos, sólo estará en manos de unos pocos.

La utopía del progre nos invita a pensar que si todos tuviésemos igualdad material, mágicamente todos los seres humanos seríamos éticos y ninguno violaría los derechos del otro. Si realmente la bonanza material nos llevara a ser éticos y a respetar los derechos ajenos, no habría millonarios como los narcotraficantes, que siguen decapitando la cabeza a comunidades enteras, violando mujeres, secuestrando y asesinando traidores. No habría tampoco ladrones de cuello blanco, pero tampoco existirían personas que en la peor de las necesidades económicas han recurrido a robar ni asesinar. Muy lejos de eso, en la humildad de sus hogares y con sus dificultades económicas, lo que la mayoría de las personas en el mundo inculcan a sus hijos es el trabajo y la honradez. Pero el progre para esto no tiene respuesta, porque, como ya hemos dicho, la razón por la que el progre es progre es porque no lleva sus propuestas a las últimas consecuencias lógicas cuestionándose el efecto de implementarlas.

Lo cierto es que la innovación implica desigualdad, y es por eso por lo que las máquinas de escribir dan paso a los ordenadores, y los taxis, a Uber.

¿Quiénes son los inútiles y quiénes son los que deben pagar por los derechos de esos inútiles?

Como ya hemos comentado, el progre le adjudica al pobre debilidad e ineptitud, con lo cual justifica que alguien lo tiene que venir a rescatar. Rescatar de esas necesidades que el progre vuelve derechos. El problema nuevamente es que como el progre no lleva sus propuestas a las últimas consecuencias lógicas cuestionándose el efecto de implementarlas, nunca en ninguna nación progre se ha dicho la lista exacta con nombre y apellidos para dividir a la nación entre los inútiles que merecen recibir de los capaces todas las cosas, y mucho menos se estipula el período de tiempo para hacerlo. Ni siquiera el propio progre sabe como hacer esa división en la sociedad. ¿Acaso será por ingreso?

Pero ¿qué pasa con los desempleados? ¿Dónde ponemos a los desempleados? ¿Y a las prostitutas? ¿Y a las prostitutas a las que por ser mayores ya nadie acude? Éstas son las preguntas que nunca se hace el progre, ni quienes somos víctimas de su infinito discurso, que en la superficialidad puede ser repetido mil veces pero que al ser cuestionado cae por su propio peso.

8

La economía apresurada

El progre tiene una cualidad incomparable: es capaz de convertir asuntos realmente complejos —y sobre todo los económicos— en materias de Trivial con una solución para cada problema. Manejar la economía de un país es una labor ardua en la que deben conjugarse multitud de elementos en aras de conseguir un sistema equilibrado que permita el crecimiento y el desarrollo de las personas, las empresas y las capacidades de un país. El progre con su visión simplista reduce las cuestiones económicas a materias que preparar la noche antes de un examen.

Otro aspecto a tener en cuenta y que tiene una gran influencia en el pensamiento económico del progre es la presencia de un ejército de gurús. Estos seres todopoderosos sientan las bases de la doctrina económica que luego los progres reiteran hasta la saciedad. Son «expertos» económicos que normalmente cuentan con la simpatía de la prensa progresista, construyendo una relación simbiótica en la que sus teorías se convierten en la única vía a seguir. Krugman, Jones, Varoufakis o Piketty. Son los más célebres integrantes de un selecto club en el que más que por sus ingeniosas teorías destacan por sus fallidas profecías.

Lo que la realidad demuestra es que la teoría económica del progre se compone simplemente de una serie de antiguas y fracasadas recetas revestidas de frases hechas y clichés entre las que se reciclan la sustitución de importaciones, la estatización de industrias «clave» para el país, el control de precios, la prohibición de divisas, las expropiaciones. Más que una renovación de las propuestas, el progre sustenta su discurso económico en la crítica al capitalismo aludiendo a las cuestiones más elementales. El capitalismo como mal absoluto y una agresiva y confiscatoria política tributaria son dos señas de identidad que brotan a la menor oportunidad.

Se burlan de la Mano Invisible porque creen que quienes hablan de ella la ven como un ente omnipotente e invisible que todo lo controla. Como ya dijimos, el primer error del progre es que no lee, ni a los suyos, ni a los que no son suyos. Nunca se ha sentado a entender cómo funciona la economía. Y por eso fallan al pensar en la Mano Invisible de Adam Smith como un fantasmita mágico tipo «Casper» que todo lo mueve a su antojo. Cuando realmente es una manera de explicitar que todos nos beneficiamos del conocimiento que se encuentra disperso en las mentes de cada uno de nosotros. Un conocimiento que no poseemos pero del cual nos beneficiamos. El progre no sabe qué programador está detrás de la red social (producto del mercado) que usa para escribir sus ideas contra el mercado. Casi nadie de las personas que estamos vivas hemos asesinado a los pollos, vacas o cerdos que nos comemos. Muy pocos de nosotros podríamos coser con nuestras propias manos la ropa que vestimos, y ni hablemos de poder construir los automóviles, aviones, ordenadores, móviles, electrodomésticos que utilizamos. Nadie en el mundo sabe hacer todas estas cosas porque, como explicaba Leonard Read en su ensayo «Yo, el lápiz», se necesitan muchas mentes y muchas voluntades para poder crear los productos, bienes y servicios que han mejorado nuestra calidad de vida.

Viva el mal, viva el capital, el mundo según los progres

En los albores de los años ochenta España empezaba a disfrutar los primeros años de democracia, y fruto de esa libertad, en la televisión pública se emitía el programa para niños *La bola de cristal*. En esa producción trabajaba como guionista el hoy gurú de la izquierda progresista española Santiago Alba Rico. La frase ¡que viva el mal, viva el capital! fue pronunciada por uno de los personajes del programa, pasando a formar parte esencial del pensamiento progre contemporáneo.

Además de servir como eslogan para todo buen progre que se precie, la frase resume la base de la ideología económica de los progres. El capitalismo representa un mal absoluto al que hay que combatir desde todos los ámbitos. No sólo es el enemigo, el capitalismo también es el responsable de todo lo malo que ocurre en el mundo, ya que en esencia, para el progre, se trata de un sistema injusto que promueve la desigualdad y protege a una élite frente a las necesidades reales del pueblo. La concepción buenista y simplista del progre escenifica un mundo ideal sin muchas de las lacras que afectan a las sociedades más desfavorecidas. Esa visión idealista se asienta sobre el pensamiento de que los grandes problemas del mundo tienen su causa principal en el capitalismo más voraz que devora todo a su paso en manos de ambiciosos multimillonarios que sólo buscan acumular más ceros en su cuenta corriente.

Este delirio provoca también que se responsabilice al capitalismo de los fracasos de las medidas económicas impuestas por un gobierno progresista. En América Latina encontramos los mejores ejemplos. Los regímenes de Venezuela y Cuba han llevado a sus habitantes a situaciones donde la carestía de elementos fundamentales como el alimento o los productos más básicos de higiene es habitual, y como respuesta a estas problemáticas han esgrimido el fantasma del imperialismo y el capitalismo para esconder la falta de soluciones viables.

La crisis económica que ha asolado la economía mundial durante los últimos años ha sido el caldo de cultivo perfecto para el renacimiento de ideas trasnochadas que ya han demostrado su ineficacia en cualquier economía que pretenda el desarrollo de un país. La mayoría de esas ideas gravita sobre el capitalismo, bien anunciando su desaparición como sistema económico, bien señalándolo como alfa y omega de la propia crisis.

Es en ese escenario donde se produce la irrupción del francés Thomas Piketty, quien gracias a la publicación de *El capital en el siglo XXI*, en 2013, se convierte en la referencia fundamental de las teorías económicas progresistas. La gran novedad que aporta Piketty se basa en el concepto de «redistribución de la riqueza». El economista francés expone que hay una progresiva concentración de la riqueza en manos de unos pocos y que esa riqueza aumenta con mayor celeridad que la propia economía, lo que conlleva irremediablemente un aumento de la desigualdad. Para corregir esta situación, la propuesta de Piketty se basa en impuestos progresivos y en un tributo sobre la riqueza, con el objetivo de llegar a una redistribución de la riqueza que acabe con las desigualdades.

Tras la publicación de su libro, Piketty causó sensación en Estados Unidos, y posteriormente desembarcó en su Europa natal. Son muchos los líderes políticos que han contado con su asesoramiento, como la francesa Ségolène Royal, candidata socialista al Elíseo en 2007, o más recientemente Podemos en España, una formación con evidentes lazos de unión con el régimen bolivariano de Venezuela, al que ha asesorado también en cuestiones económicas.

Las teorías del economista francés eran ambrosía para el progre, lo que lo terminó aupando como una de las voces más escuchadas y uno de los economistas de referencia cuando, durante la crisis desatada en la Unión Europea por la situación económica en Grecia, apostó fervientemente por una reestructuración de la deuda del país heleno. También defendió otro concepto cuanto menos curioso cuando planteó una elección «democrática» de cuestiones como el nivel de déficit o la inversión pública.

Piketty es actualmente una de las máximas referencias en asuntos económicos para los progres y sus teorías están avaladas por otros «popes» como el estadounidense Paul Krugman, pero es cierto también que sus planteamientos han sido descalificados por otros expertos e incomprendidos por otros, y que hay incluso quien duda de los cálculos planteados. En este sentido, el *Financial Times*, uno de los diarios económicos más prestigiosos, encontró errores en su libro (23 de mayo de 2014),[1] y desde otros

1. Puede leerse en <https://www.ft.com/content/e1f343ca-e281-11e3-89fd-00144feabdc0>, o aquí: <http://www.elconfidencial.com/economia/2014-05-24/el-financial-times-refuta-la-tesis-economica-de-piketty_135939/>.

sectores económicos se han cuestionado aspectos procedimentales como, por ejemplo, que la vivienda cuente como capital pero no se contabilice de ninguna forma el capital humano.

Aunque hay algunos aspectos que merecen un desarrollo posterior, tomando las teorías de Piketty vemos que ya aparecen algunos aspectos que se repiten de forma constante en las teorías económicas de los progres, como la maldad del capitalismo que ha provocado la acumulación de riquezas en unas pocas manos frente a las dificultades de la mayoría de la población. Frente a éstos, la receta siempre es la misma, impuestos, impuestos y más impuestos y más gasto público.

Si lo que Piketty describe fuera tan innovador y positivo, entonces Guatemala no tendría impuestos progresivos. Pero los tiene y desde hace rato. Sólo dos de cada diez actividades económicas pagan impuestos y los contribuyentes individuales tributan de manera progresiva. ¿Es Guatemala un país con una calidad de vida envidiable? Se nos puede envidiar el clima, los paisajes, el lago de Atitlán, la ciudad maya de Tikal, las artesanías indígenas, las tradiciones, el colorido, los volcanes y las playas. Pero en calidad de vida bastaría un viaje a Guatemala para ver que los impuestos progresivos no están sacando a nadie del subdesarrollo y que con que pocos paguen mucho lo único que se logra es que los que pagan no usen los servicios, los que dan los servicios se queden con el dinero y los que no pagan se mueran en los hospitales sin poder quejarse.

El progre dice, aunque no es verdad, que quiere acabar con el capitalismo, pero la realidad es que lo que quiere el progre es controlar el capitalismo para distribuir los beneficios entre ellos. No es fácil acabar con un sistema tan flexible y versátil, pero es entonces donde aparece la retórica progre y su capacidad para hacer creer algo a base de repetirlo insaciablemente. Nos referimos a expresiones como que la desigualdad creciente ha desembocado en que el capitalismo está en crisis y cerca de su final, expresiones que han sido defendidas, entre otros, por Paul Krugman. Curiosamente, aunque los economistas más marxistas no dudan en apoyar estas teorías, también recuerdan que es una situación que ya denunciaban hace cincuenta años. Resulta fácil comprobar cómo la evolución de las maldades del capitalismo durante los últimos cincuenta años ha provocado situaciones dramáticas y cómo la felicidad absoluta se ha instalado en aquellos países que apostaron por una política económica más cercana al comunismo o al marxismo.

Tenemos un superávit de ingenieros sociales que, entre su arrogancia de pretender moldearnos a los demás a su exacta imagen y semejanza y su ignorancia sobre la creación y producción de bienestar y progreso, continuamente acechan cualquier intento de lograr un período sostenible donde la vida, la propiedad privada y la libertad sean respetadas y garantizadas a cada uno de los individuos que vivimos en la sociedad. Hoy vemos el poco entendimiento que se tiene sobre el funcionamiento de los precios, por ejemplo, con las acusaciones que algunos argentinos han levantado en las redes sociales sobre «cómo Macri ha inflado los precios». El solo hecho de que en nuestras sociedades se crea que el presidente, desde su escritorio con una varita mágica, tiene la capacidad y el poder de subir y bajar los precios a su antojo es una evidencia de la carencia de conocimientos económicos básicos que tenemos. Y aquí vale la pena empezar por esos dos conceptos básicos sin cuyo entendimiento poco puede saberse sobre economía. Esos conceptos son: precio y propiedad privada.

Todos llevamos un billetero o una cartera en el bolso o en el bolsillo. Todos manipulamos moneda a diario. Unos más y otros menos. Pero no todos comprenden el funcionamiento de los precios.

Mises trató de explicarlo con el ejemplo de un semáforo. Los precios fluctúan libres y suben y bajan conforme el tomatero se da cuenta de que si pone el tomate a cinco pesos nadie le compra, pero si lo pone a tres sale perdiendo pues él invierte tres y medio por cada tomate en su plantación. Así que cambia la luz (el precio) del semáforo y en lugar de rojo (cinco pesos) lo pone en ámbar (a cuatro pesos). Cuando llega la cocinera y ve el color ámbar, entonces decide comprar, y ahí es donde se produce la luz verde de la transacción.[2] Cuando los gobernantes destruyen con su martillo burocrático todos los semáforos de todos los productos —tomates, viviendas, medicinas, libros, etc.— se producen las bancarrotas, los despidos y lógicamente la escasez. Los precios nos empoderan. Porque somos todos, en la colectividad de la sociedad, los que a diario vamos tomando decisiones, los que los decidimos. El mercado es la más eficiente de las democracias. Todos votan con su dinero a diario a quién premian por su esfuerzo comprándole, y a quién envían a la bancarrota al no comprarle.

Si no comprendemos que los precios dependen de todos nosotros, entonces la ignorancia nos lleva a creer que Macri o cualquier gobernante los controla con una varita mágica. No es una varita mágica del mandatario, sino la Mano Invisible del «Mercado», a la que ya nos hemos referido. Adam Smith decía al respecto que todos nos beneficiamos del conocimiento disperso de los demás, que no conocemos como propio.

Tú no sabes qué programador está detrás del ordenador en el que escribes, ni la universidad donde estudió, ni cuántos hijos tiene. No sabes cuánta gente hubo de intervenir para hacer tus zapatos. No tienes ni idea de cómo construir por tu cuenta el 99,9 por ciento de las cosas que usas. El mercado son miles de relaciones infinitas entre gente que no se conoce ni se conocerá pero que mutuamente se beneficia del conocimiento de cada uno colaborando entre sí «invisiblemente».

Naturalmente, en ese mercado cualquiera es capaz de poner su producto a disposición de los demás. Y como el tomatero, se va midiendo en el semáforo cuál es el precio bajo el cual los demás están dispuestos a comprarte. Por eso, cuando veas monopolios recuerda: los monopolios existen cuando no hay alternativas. En el mercado siempre hay alternativas, porque ningún individuo tiene prohibido entrar a hacerle la competencia a otro en un país a menos que se haya hecho una ley que se lo prohíba. Son las leyes y regulaciones que limitan y que controlan el mercado las que

2. Esta analogía del semáforo de Mises puede verse en el documental de PBS titulado *Commanding Heights*. Disponible en: <https://www.youtube.com/watch?v=cD2u437fGJM&list=PLMFD0Q8mUsJTibr6Ui3ihS-K4elBnLyr4>.

producen monopolios y oligopolios, como el que acontece actualmente y que impide la libertad de empresas como Uber, o las amenazas que sufren otras como Airbnb.

Sin leyes proteccionistas no hay monopolios, porque cualquiera tiene la libertad de entrar a competir sin restricciones. Por eso, en la república —en el sentido liberal—, entre los tres derechos fundamentales de todo individuo se encuentra el derecho a la propiedad privada. Porque si cada cual tiene la certeza de que va a poder vivir y sostenerse del fruto de su propio esfuerzo, las reglas están claras para poder hacer ese intercambio de bienes y servicios, producto del conocimiento disperso que posee cada cual.

No vamos a defender desde estas páginas que el capitalismo es un sistema perfecto. Porque, a diferencia de los progres, no estamos aquí prometiendo una utopía donde no habrá gente mala que no haga cosas antiéticas. Ya explicamos que la economía nada tiene que ver con la decisión personal de respetar los derechos individuales de los demás. Es tan sólo que el libre mercado es un sistema que permite tanto la autorregulación como la introducción de aspectos que mejoren las posibilidades de desarrollo de todos los individuos. El talento y el trabajo son algunas de las virtudes que «mezclan» perfectamente con el capitalismo y que frecuentemente son premiadas, pero no son palabras que encajen en el discurso de los progres.

Los mercados y la mano negra

El progre considera que el capitalismo es el Gran Satán y los mercados son un elemento oscuro e indefinido que trabaja como brazo armado del capitalismo para beneficiar a los ricos e impedir que los pobres reviertan su situación. Desgraciadamente, una vez más los progres nos demuestran que la estupidez humana no tiene límites y que cualquiera puede declarar públicamente que hay que acabar con la tiranía de los mercados sin mover ni una pestaña, y paralelamente, no tener ni siquiera conciencia de lo que se está diciendo.

En toda buen historia —y los progres siempre han sido unos maestros del relato— el malo de la película siempre tiene que ser de categoría y estar a la altura del bien que se quiere conseguir. El progre ha conseguido con «los mercados» que mucha gente odie algo que no conoce y mucho menos comprende. Además, se ataca a algo que no se va a defender, por lo que en la práctica y en el discurso político de muchos progres los mercados son simplemente un *punching ball* al que golpear alegremente. En esta categoría de supermalvados están los mercados, las agencias de calificación, los bancos..., y por supuesto Wall Street, como símbolo de la maldad absoluta, y Estados Unidos, como principal sostén del sistema.

En los últimos años el discurso de cualquier buen progre que se precie ha estado trufado de expresiones contrarias a los mercados, pero quizá lo más paradójico de toda la crítica es que la práctica totalidad de los habitantes de Europa o América forman parte de estos mercados que tanto odian con acciones tan sencillas como tener domiciliada la nómina, comprar un coche a plazos o colaborar con proyectos solidarios a través de una ONG a la que hacen aportaciones a través de sus cuentas bancarias.

De nuevo la crisis económica de los últimos años ha permitido a los progres socavar uno de los aspectos que siempre ha estado vinculado con los mercados: su capacidad de autorregulación para permitir que se continúe generando riqueza. El discurso del progre se abalanza sobre los mercados como culpables con un objetivo principal que no es otro que lograr que el Estado tome decisiones intervencionistas y actúe como supuesto elemento regulador ante la avaricia desmedida de éstos.

Por si no se habían dado cuenta, el progre nos intenta esconder sus intereses bajo una espesa niebla. El progre culpabiliza a los mercados simplemente porque busca que haya un intervencionismo sobre la economía, que el Estado actúe como un padre. No vamos a defender la totalidad de las decisiones que se han tomado desde los poderes económicos y es cierto que las agencias de calificación y los organismos reguladores han cometido errores, pero la realidad es que volvemos a encontrarnos en la tesitura de elegir si debemos contar con un macroestado protector o deben ser los individuos los que gocen de la libertad y los mecanismos necesarios para progresar en la vida y, sobre todo, para poder elegir.

La postura del progre es del todo indefendible y no creo que a estas alturas haya que poner de manifiesto la realidad de los países que han tomado la vía intervencionista como modelo de desarrollo. La vida de los individuos de un país no puede estar determinada por las decisiones económicas que tome un gobierno con un marcado sesgo totalitarista. Un Estado debe estar vigilante y controlar los abusos que puedan producirse, pero es el individuo el que con su trabajo, tesón y perseverancia debe encontrar los caminos para el éxito aun a riesgo de cometer errores y caerse.

El progre pretende que la política económica, al igual que otros ámbitos de la actividad pública, sea controlada por el Estado, y disfraza esta idea con mensajes ideológicos alentando al pueblo a recuperar la soberanía hurtada por los mercados. La verdadera soberanía del individuo consiste en su capacidad para tomar sus propias decisiones y resolver los conflictos de manera autónoma. El Estado debe ser un apoyo, con políticas incentivadoras de la inversión, que no intervencionistas. La historia nos demuestra que el excesivo control de la actividad económica por parte de un gobierno provoca un sistema de corrupción generalizada del que se benefician las élites, una sobredimensionada burocracia que genera dificultades al ciudadano y, con el paso del tiempo, un colapso absoluto financiero y político.

La expresión «mano negra» también suele aplicarse a los mercados y, en esencia, los progres la utilizan para designar a aquellas personas que de manera oscura toman decisiones en beneficio del poder económico y en perjuicio de la clase trabajadora. No deja de ser la representación de una idea infantil, la del villano de cómic que desde su despacho controla a los criminales de una ciudad. Claro que las grandes corporaciones toman decisiones en función de sus intereses y claro que hay determinados actores que pervierten el sistema en su propio beneficio. Y donde se ven excesos, casi siempre hay un gobierno que aprobó una ley para proteger a esa corporación, empresa o industria del libre mercado donde se vería obligado a competir en igualdad de condiciones. Desgraciadamente es algo intrínseco a la actitud humana y pueden encontrarse ejemplos en todos los ámbitos, desde los grandes despachos de inversores hasta un modesto fontanero de Managua. El progre lo que arde en deseos es de ser esa mano negra que todo lo sabe y todo lo controla y para ello pretende servirse de las estructuras del Estado con las que se le abren las puertas a poder alterar las reglas del juego.

Impuestos: que paguen los ricos (que son otros)

Quizá la principal característica que define a los progres en el plano económico es su infinita pasión por elevar la carga impositiva sobre el ciudadano, aunque, como siempre, hay clases. No nos referimos a la tradicional lucha de clases, aunque los progres la utilizan para ocultar sus intereses; los progres sólo hacen una distinción: los impuestos para los ricos, que por supuesto son otros.

La carga infantiloide siempre presente en el discurso progre adquiere aquí su máxima relevancia. El progre odia a los ricos amparado en la envidia y la ausencia de éxito en su actividad profesional. Ya hablamos con anterioridad de la genial idea de Piketty de implementar una tasa mundial sobre la riqueza, y el ejemplo ha cundido. No hay progre que se precie que no plantee en su discurso la necesidad de elevar los impuestos a las rentas más altas o alguna propuesta similar que lo que busca es castigar al empresario exitoso e igualar a la sociedad por su estrato más bajo.

La cuestión es tan simple que hasta resulta ridículo tener que explicarla. Un empresario con dinero en el bolsillo puede optar por generar nuevas inversiones, aumentar la competitividad de su empresa o abrirse camino en mercados internacionales. Frente a esto, un empresario ahogado por los impuestos sólo puede tender a ajustar sus gastos conteniendo la creación de empleo. En el espectro más simple, una persona que dispone de dinero en el bolsillo podrá gastar, aumentará el consumo, y la rueda económica funcionará a pleno rendimiento. Si el dinero no fluye como consecuencia de la alta carga tributaria caerá el consumo y, como resultado, descenderá el empleo.

Hay estudios y expertos económicos que han alertado públicamente de que un aumento de la tributación de las clases más pudientes no es sinónimo de un aumento de la recaudación. Es más, sí hay ejemplos, y muchos, en los que los territorios que han optado por reducir la carga tributaria han conseguido mejores resultados tanto en la recaudación como en la lucha contra el fraude. Esos ejemplos son obviados o denostados por los progres porque no coinciden con su planteamiento y, evidentemente, ellos siempre tienen razón.

¿Y qué pasa con los progres ricos? Muchas veces los progres consideran que los ricos viven en otro planeta y forman parte de esa aristocracia que vive en palacios, pero olvidan que hay muchos que van de progres (aunque no lo sean) que son inmensamente ricos. ¿Puede defenderse un aumento de los impuestos para los ricos siendo rico? El progre sí, porque a pesar de su abultada cuenta corriente considera que su dinero es fruto de su trabajo y el de los otros es fruto de la providencia divina. Pocos ejemplos hay más claros que los de algunos progres notables que han sido los primeros en sujetar pancartas en manifestaciones y que después han sido pillados en casos de fraude fiscal y evasión de impuestos. No hay nada más comprometido con la sociedad que afrontar la responsabilidad de cumplir con sus obligaciones —también las tributarias—, por mucho que algunos crean que el compromiso con la sociedad se demuestra lanzando consignas con un megáfono. Sería interesante ver en Iberoamérica que antes de salir a protestar a la calle fuera un requisito entregar una constancia del pago de los impuestos personales correspondientes. ¿Se llenarían las calles con la misma cantidad de personas?

El desmedido deseo de los progres por subir los impuestos a la rentas altas no es otra cosa que una capa de maquillaje, populista e ineficaz en términos fiscales. Los ricos no tienen la culpa de todo, pese a que los progres vociferen muy alto. La política fiscal debe estar determinada por la equidad y la eficiencia y no por la envidia y la venganza. El dinero debe estar en el bolsillo del ciudadano o del empresario para que pueda disponer de él como considere, ya que es un suicidio pretender que la política económica de un país se sustente únicamente en su capacidad recaudatoria.

La verdadera revolución social de un país llega cuando los individuos pertenecientes a los estratos más desfavorecidos consiguen mediante su trabajo ascender en la escala social. Esta realidad sólo se logra a partir de incentivos que fomenten el crecimiento, el consumo y la creación de empleo, cuestiones que no encajan con un política tributaria agresiva que dañe la capacidad económica de aquellos que deben invertir. En el trasfondo, de nuevo el progre deja entrever que lo que realmente busca es un aumento de las inversiones públicas, es decir, más gasto público que compense la falta de inversión del capital privado provocado por el ahogo tributario. El desarrollo de inversiones productivas debe partir de la iniciativa privada, por mucho que le duela al progre, que con un correcto apoyo por parte del Estado posibilitará la mejora económica de todos los participantes en el proceso.

El empleo y el patrón

Los progres se autoproclaman los mayores defensores del empleo, y en cada oportunidad se les llena la boca con eslóganes sobre la mejora de las condiciones de trabajo del pueblo, la defensa del empleo público, el apoyo a las pequeñas y medianas empresas o el impulso a la actividad de los autónomos. Para variar, una cosa es predicar y otra dar trigo, y los intereses que manifiestan los progres confrontan directamente con la actitud que ponen en práctica al pertenecer a un gobierno o ejercer sus responsabilidades laborales. ¿A cuántos progres han visto u oído pronunciando incendiarias soflamas sobre la explotación laboral y descuidar a la vez a sus empleados o cometer fraudes con las aportaciones públicas a las políticas activas de empleo?

La brutal crisis económica de los últimos años ha permitido que el mensaje progre cale en una sociedad angustiada por la falta de soluciones procedentes de los entes gubernamentales. Los progres, y sus ideas, han estado muchos años por debajo del «radar» de la opinión pública porque no lograban conectar con el público. Ahora han aprovechado su momento para salir de su madriguera como si fueran un depredador y cazar cuantas más presas posibles. Ante la tremenda destrucción de empleo, el progre lanza su propuesta de impulsar el impuesto a través de las instituciones públicas (con la carga ineludible que eso supone para el Estado) y complementa esa propuestas con la redistribución del empleo actual, ayudas públicas para empresas y una «interesante» propuesta denominada mayoritariamente «renta básica», que se pretende otorgar a cada ciudadano. Una paga a cuenta, claro, de papá Estado.

La propuesta de la renta básica es algo que ya hemos comentado con anterioridad en este libro. No obstante, conviene recordar que en uno de los países con mayor renta por habitante —y uno de los Estados con mejor situación económica— esta cuestión se sometió a votación por parte del gobierno. Los ciudadanos suizos rechazaron por mayoría esta posibilidad, pero ¿qué hubiera pasado en países como Venezuela, Cuba, Ecuador o España? El planteamiento del progre, como siempre, es muy simple y a la vez irreal. El progre estima, sin calculadora eso sí, que subiendo los impuestos a los ricos y combatiendo el fraude fiscal de las personas más adineradas el Estado dispondría de recursos suficientes para abonar un sueldo a todos sus ciudadanos.

La principal característica de las políticas de empleo de los progres tiene un común denominador: la presencia del Estado como elemento base de la carga financiera de las propuestas. Sirva como ejemplo la principal propuesta del progre, el aumento del empleo público para combatir el desempleo. Agigantar la Administración normalmente supone para un Estado un efecto nocivo a medio y largo plazo. Duplicidad de competencias, excesiva burocracia o falta de efectividad para resolver los problemas de los ciudadanos. Los problemas estructurales que crea en una sociedad una Administración superpoblada están más que demostrados, pero no son los más graves. La principal consecuencia de aumentar la nómina de funcionarios públicos es, sin duda, el engorde desmedido de los gastos en personal de la Administración. Esa factura es permanente e ineludible, por lo que a largo plazo termina provocando un colapso financiero.

Además de empleo directo, también hemos visto en los últimos años una forma de crear empleo público de manera indirecta, pero igualmente perniciosa para el Estado y para la sociedad. En muchos gobiernos con sesgos de izquierda se implementaron durante la crisis programas económicos basados en la inversión directa en obras de pequeño y mediano tamaño con el objetivo de que las empresas, fundamentalmente del sector de la construcción, pudieran contratar nuevos empleados o mantener los ya existentes. Estas prácticas supusieron, en algunos casos, pequeños descensos en el paro que, sin embargo, una vez pasado su efecto y dado que es imposible mantener estas políticas expansivas en una situación de crisis, provocaron un efecto rebote con un aumento considerable del desempleo y la desaparición de muchas empresas.

La crisis ha sido el perfecto escenario desde donde el progre ha proclamado sus ideas, pero también ha servido para que el progre provoque una buena manifestación. En España, sin ir más lejos, se organizaron comitivas casi para cualquier asunto e incluso se crearon imágenes al respecto: camisetas blancas para Sanidad o verdes para Educación, y así buscando agotar la gama cromática; eso sí, todas con su correspondiente, y en ocasiones diversificado, negocio detrás: el vil capitalismo.

En definitiva, movilizaciones para casi cualquier asunto, por muy nimio que sea, y allí estaban los progres detrás de una pancarta sonriendo y disfrutando. No obstante, si en las manifestaciones el progre disfruta, ir a una huelga es como pasar un día en un parque de atracciones. En una huelga el progre puede erigirse como portavoz de una causa, y no sólo eso, puede afear a los que no piensan como él que sean unos traidores o esquiroles. Para el progre es una ocasión ideal para diferenciar quién está de su lado y quién no. Quién es el bueno y quién es el malo.

Las huelgas son uno de los mejores sitios para observar la mediocridad de la gran mayoría de los progres y, sobre todo, la ridiculez de los aburguesados, quizá los de peor talante de todos, que en buena medida forman parte de los sindicatos u organizaciones de los trabajadores.

Comprenderán que es cuanto menos cómico ver cómo se levantan como portavoces de los trabajadores personas que ni siquiera acuden regularmente a su puesto de trabajo ya que están dedicados a la actividad sindical, que no es, ni remotamente, la protección de los intereses del trabajador, o no del trabajador ajeno al sindicato.

Salario mínimo

> *Crear más leyes es la cura fácil según aquellos que no se toman la molestia por entender la causa y consecuencia de los problemas sociales. Si las comprendieran, sabrían que la respuesta no está en más leyes.*
>
> FRÉDÉRIC BASTIAT, *La ley*

Abogar incesantemente por el salario mínimo es prueba fehaciente de que el progre nunca estudió los principios básicos del comportamiento humano en la economía.

Los salarios son la paga que un trabajador decide recibir por su trabajo.

La forma natural en que un salario sube o aumenta es conforme a como vaya aumentando la productividad de la empresa y del empleado en la misma. Es decir, cuanto más eficiente sea la empresa para adaptarse a las innovaciones, para maximizar sus recursos, más clientes tendrá, mayor demanda; por lo tanto, cuanto mejor le vaya a la empresa, mejor le irá al trabajador. «Sí, pero es que hay patrones crueles que aunque les vaya bien en el negocio nunca le suben el sueldo a sus empleados y por eso es necesario hacer una ley que suba los salarios», te dice el progre.

Y es por eso, queridos progres, por lo que la competencia libre y abierta es tan importante. En la medida en que el trabajador tenga opciones para marcharse a trabajar a un lugar donde le paguen más, los salarios entonces serán atractivos. En cambio, cuando hay un solo patrono, una sola empresa ofreciendo un producto, ese trabajador deberá conformarse con lo poco que le paguen y no tiene opciones.

Cuando el progre aboga porque el Congreso tire adelante una ley que suba el salario mínimo, lo hace la esperanza de que la economía funcione como una varita mágica: cada ley es un polvo mágico que, según ellos, hace mejor la economía.

En realidad, esto es lo que sucede cada vez que se aumenta el salario mínimo por ley:

Supongamos que eres el dueño de un puesto ambulante de venta de tacos.

Por el momento tienes subcontratados a tres asistentes que al mes ganan 100 pesos cada uno. O sea, 300 pesos te cuestan tus empleados al mes.

Cada taco te cuesta 1,50 pesos (comprar la tortilla, la carne, el aguacate, las salsas, cebollas, etcétera).

Lo vendes a tres pesos, lo cual no necesariamente implica que con cada taco «ganes» 1,50 pesos. Porque a esa ganancia todavía le tienes que restar dinero para pintar el puesto cada medio año, lavar uniformes, comprar carbón, pagar las aguas gaseosas y, por supuesto, cubrir el salario de tus tres empleados. A la larga, supongamos que por cada taco te queden unos 0,20 centavos de ganancia neta.

Pese a todo, llevas tres años funcionando. Ya tienes la fórmula exacta para que las cuentas te salgan y puedas sacar tu ganancia.

De repente, te llega la noticia:

«AHORA POR LEY EL SUELDO MÍNIMO
ES DE 150 PESOS».

La gente anda feliz y alborotada: ¡¡Qué felicidad!! ¡¡50 pesos más para gastar!!

Pero tú No. Tú sabes lo que esto representa. Vas a tener que hacer un cambio.

Primero subes el precio de tus tacos de tres a cinco pesos. Con esto, algunos de tus clientes desaparecen. Hay muchos que no te pueden pagar esos dos pesos extra.

Al cabo de un mes, tienes que tomar otra decisión.

Ahora, estás pagando 150 pesos por LEY a cada trabajador. Lo que antes te costaba 300 pesos, ahora te cuesta 450 pesos.

Y con eso de que se te están yendo los clientes, no te queda otra que tomar la peor de las decisiones: despedir a uno de tus trabajadores y volver al costo de 300 pesos entre los dos que te quedan.

Lo peor es que ese trabajador que despides ahora tiene cero ingresos. De nada le ha servido la ley, pues ahora no tiene ni 100 pesos ni 150 pesos al mes sino cero pesos al mes. Y cuando se dispone a buscar un nuevo trabajo, se encuentra con que nadie está contratando. Que más bien muchos están despidiendo personal. Es común, pues, que estas personas desempleadas ingresen en la economía informal que en Guatemala asciende al 80 por ciento y en Argentina al 40 por ciento, igual que en México, demostrando que la utopía progre incluso hace que menos personas contribuyan con impuestos a papá Estado.

Pero no sólo eso. A ti como empresario te sigue afectando. Como la ley ha cambiado para todos, lo mismo que te ha pasado a ti le pasa a todo el mundo. La pintura para pintar tu puesto aumenta de precio, las gaseosas también y los aguacates ni digamos. Cuando hablas con tus colegas te cuentan que ellos también han tenido que despedir empleados.

Por esta ley, también se han mandado imprimir más billetes: La maquinita mágica imprime e imprime y eso hace que ahora haya más billetes circulando.

¿Y qué pasa cuando hay más billetes circulando? El valor de cada billete es menos.

Por eso, cuando sube el salario mínimo todo sube de precio. Porque es el intento de los empresarios por mantener una ganancia sin irse a la bancarrota.

El otro problema es que el salario mínimo obliga a contratar a las personas con un tope de sueldo, impidiéndote contratar personas por menos de lo que la ley obliga. Por eso surge la economía informal. Como alternativa para poder trabajar sin quedarte con cero ingresos.

¿Qué hace esto a la larga? Que mucha gente se quede ganando cero cuando podría tener un empleo que les pagara menos que el «salario mínimo» pero más que cero.

He ahí por qué una ley para subir el salario mínimo es una de esas fantasías progres que se oye hermosa en teoría pero que en la práctica causa desempleo e inflación. Pero, aun así, se sigue utilizando como la gran medida progre. Lo acabamos de ver recientemente en España. En noviembre de 2016 el Parlamento, con los votos a favor de todos los progres de la Asamblea (encabezados por el PSOE y Podemos) y el voto en contra del partido del gobierno, se anunció la subida del salario mínimo de los actuales 655,20 euros mensuales a 800 euros en 2018 y a 950 en 2020. He aquí la solución a todos los problemas del desempleo, la crisis económica, los problemas de competitividad, el cierre de empresas... La única pregunta que se me ocurre (y que no se hace un progre porque nunca llevan sus argumentos hasta el final) es: si esto es así, ¿por qué no elevarlo a 1.500 euros? ¿O a 2.000?

9

Las relaciones internacionales

La industria de la pobreza: riqueza de los progres

Tú ves a los europeos dando dinero a Oxfam, Unicef o el Banco Mundial para «Salvar África». Los ves felices cuando Bono, de la banda U2, hace un concierto para «rescatar» a los africanos y «acabar con la pobreza». Y ahí están todos los europeos lavándose la conciencia dando diez euros pensando que están contribuyendo de manera efectiva a ayudar en algo a nuestros países en África. Pero estos chicos europeos tan idealistas nunca se preguntan a manos de quién van a parar sus donaciones. Y la respuesta es a las manos gubernamentales de nuestros dictadores totalitarios o gobiernos corruptos que corrompen nuestro sistema y se apropian todo el dinero para proyectos personales.

«Yo que he venido de Senegal a Roma a trabajar para enviar dinero directo a mi familia a través de Western Union, a mí, esos mismos europeos me escupen, me discriminan, me persiguen, me insultan, me quieren echar y no me dejan trabajar. Entonces ¿está Europa interesada en el desarrollo de África? Porque los únicos que desarrollan un país somos los trabajadores. Si realmente el europeo quiere sacar a África de la pobreza, lo que debe hacer es permitirnos trabajar a los que directamente enviamos dinero a nuestras familias sin pasar por el filtro de los dictadores corruptos que se quedan con la mayor parte», me dice un inmigrante senegalés que entrevisté en mi trabajo de campo en Italia de 2009 a 2010 coordinado por la Universidad Sapienza de Roma.

Al igual que los utópicos progres, en mis primeros años de universidad yo soñaba con salvar el mundo trabajando en la ONU, el FMI, el Banco Mundial, el BID o cualquiera de estos gigantescos organismos con campañas publicitarias maravillosas. Por eso, después de licenciarme en Relaciones Internacionales y Ciencias Políticas, sabía que quería especializarme en desarrollo internacional. Opté a varias becas y finalmente me fui a la Universidad KU Leuven en Lovaina, Bélgica, cuna de los progres entre cuyos logros está haber adoctrinado a los creadores de la Teología de la Liberación y haber graduado al presidente de Ecuador Rafael Correa.

Cosas que por supuesto fui descubriendo una vez allí, estudiando. Y en las aulas me daba cuenta de que el sistema de ayuda internacional que arrancó en 1948 con la creación de la ONU y la denominación de un «Tercer Mundo» víctima de un «primer mundo» tenía mucho de falacia y mucho de corrupción. En primer lugar, desde esa fecha hasta la actualidad, se han dado más de tres trillones de dólares en ayuda internacional y los niños siguen muriendo de malaria. En segundo lugar, las personas que toman decisiones dentro de este sistema tienen el concepto del buen salvaje. Y están más interesados en preservar y observar culturas con taparrabos y danzando alrededor del fuego que en llevar agua potable, energía eléctrica o puestos de empleo a estas comunidades. Pero la razón fundamental por la que el dinero de la ayuda internacional no funciona —aparte de que se lo roban— es porque la misma se hace hacia gobiernos. La ayuda internacional oficial se entrega a gobiernos sin analizar si los mismos son corruptos e ineficientes.

Observando a mis profesores antropólogos belgas, que entre su sentimiento de culpa por lo que su monarquía le hizo al Congo, su admiración por los taparrabos, su desprecio por la cultura occidental (no para sus vidas, sino para las ajenas), y su poco entendimiento por la economía, me di cuenta de que tenía que profundizar por mi cuenta. Y mientras por la mañana y por las tardes me ponían a leer a Foucault, Levi-Strauss y Heidegger, en las noches busqué yo mis propias lecturas. Y dos fundamentales me cambiaron la vida, y mi deseo por trabajar en el Banco Mundial, el FMI o la ONU se transformó en un rotundo rechazo a estos monstruos que han hecho de la pobreza una industria donde parece que lo que realmente les interesa es que ésta jamás se acabe para ellos y poder seguir lucrándose. Esos autores son William Easterly, con *La carga del hombre blanco. El fracaso de la ayuda al desarrollo*,[1] y Dambisa Moyo, con *Cuando la ayuda es el problema: Hay otro camino para África*.[2] El primero, un analista que tras quince años trabajando en el Banco Mundial fue desterrado a los archivos del sótano por querer transformar la manera en que se manejaban los proyectos de ayuda. En ese tiempo, pudo analizar que el 85 por ciento de los proyectos del Banco Mundial no tienen un efecto transformador pasados cinco años. La otra, una africana que está cansada de ver cómo en su continente la ayuda internacional no ha hecho más que truncar mercados locales, oportunidades de emprendimiento local y desarrollo desde la raíz hacia arriba.

Me dispuse entonces a hacer mi tesis inspirada en ellos y otros autores para el caso de América Latina. El resultado fue que después de entregarla más de siete veces, siempre me la reprobaban por un punto. Me di cuenta de que lo que les molestaba era que yo estaba criticando el sistema. Y eso en sus palabras reflejaba que «yo ya venía con ideas preconcebidas y que estudiar esa maestría no me había influido en nada». Mientras mis compañeros entregaban tesis de cuarenta páginas a doble espacio hablando de su observación a la comunidad gitana de Bruselas durante tres días y aprobaban con sobresaliente, mi estudio de ciento treinta y seis páginas, que incluía análisis de proyectos locales en América Latina y una documentada exposición de alternativas al sistema actual, siempre se quedaba a las puertas del aprobado.

1. Debate, 2005.
2. Gota a Gota Ediciones, 2011.

Decepcionada por haber desperdiciado un año de mi vida sin poder obtener un título académico, me embarqué en otra aventura y, con otra beca, me fui a Roma, a un curso en la Universidad La Sapienza donde tuve la oportunidad de trabajar con inmigrantes del Senegal. Y fue ese testimonio que he compartido al inicio de este apartado, aunado con mis experiencias y mi inquietante búsqueda por lo que realmente funciona, lo que me reconfirmó que el libre mercado no es sólo dejar que cada quien se gane la vida como mejor lo decida, sino también la solución para todos los individuos que buscan superarse y tomar las riendas de su vida, sean mexicanos en Estados Unidos o senegaleses en Italia.

Meses después de volver a Guatemala, sucedió el escándalo sexual del directivo del FMI acusado de acosar a la empleada de servicio de un hotel en Nueva York. En su momento, recuerdo sentir satisfacción por haberme mantenido firme en mis convicciones con una tesis de la cual me siento muy orgullosa. Hoy por hoy, los fracasos de la ayuda internacional ya no sólo los denuncian unos pocos. En 2016 se estrenó el documental *Poverty Inc.*, que ha ganado varios premios en festivales de cine, donde de una manera didáctica y bastante documentada se recuentan los fracasos de ayuda internacional desde los zapatos Toms, pasando por Haití y Senegal. El mismo Bono de U2, después de tres décadas derrochando parte de su fortuna para acabar con la pobreza de África, ha llegado a esta conclusión:

«Una parte de África está creciendo, y otra parte está estancada. La pregunta es si esa parte que está creciendo logrará levantar a la que está estancada. O si esa África estancada atraerá a la creciente hacia abajo. ¿Qué ocurrirá? Hay mucho en juego aquí y no sólo para ellos. Imaginemos por un segundo esta última recesión económica global pero sin el crecimiento de China. Sin esos cientos de millones de personas que pasaron de la pobreza extrema a la clase media que ahora compran miles de productos norteamericanos y europeos. Imagínense eso. "Una estrella de rock está enseñando capitalismo" ¡WOW! A veces me escucho a mí mismo y simplemente no puedo creerlo. Pero el comercio es real. Es por lo que estamos aquí. Es real. La ayuda es sólo un parche provisional. El comercio, el capitalismo de emprendedores, saca a más gente de la pobreza que la ayuda internacional. Por supuesto que sabemos eso».[3]

Pero para el progre en su dicotomía —donde todas las razas somos hermanas y debemos tomarnos las manos en nombre del *Kumbayá*, excepto si hablamos de comerciar entre nosotras porque ahí lo que corresponde es levantar muros, poner proteccionismos y prohibir cualquier tipo de libre mercado— la industria de la pobreza le es bastante atractiva. Les permite vivir la mejor de las hipocresías, consiguen un puesto donde recaudan dinero diciendo que están aliviando la pobreza, mientras viven como reyes en las mejores zonas de los países pobres con la conciencia tranquila. Por eso estas instituciones han durado tanto tiempo, porque siempre hay hipócritas dispuestos a lucrarse del mito.

Quien realmente desea acabar con la pobreza busca genuinamente que cada persona pueda defenderse por sí misma.

Los paraísos bolivarianos

Para los vikingos era el Valhalla, para los budistas el Nirvana, para los cristianos el cielo y para los progres el paraíso está en los Estados bolivarianos de Latinoamérica. Los progres aspiran a que el mundo siga los preceptos que marcan reconocidos líderes internacionales como Maduro, Correa o Morales. Los progres consideran que las sociedades de países gobernados por los líderes bolivarianos son ejemplo de libertad y de progresismo. Ellos se lo creen y lo repiten una y otra vez para ver si engañan a alguien, pero afortunadamente la población es cada vez más consciente de la deriva autoritaria de estos regímenes y de la amenaza que suponen para el desarrollo de una sociedad libre.

La mayor parte de estos movimientos tiene su origen a finales del siglo XX y su exponente más mediático, aunque no el único, es el ya fallecido Hugo Chávez. Bajo su manto fueron llegando al poder de manera progresiva personajes como Evo Morales en Boli-

3. Discurso de Bono, líder de U2, en la Universidad de Georgetown disponible en <https://www.youtube.com/watch?v=DzwPlOv4LRQ>.

via o Rafael Correa en Ecuador y, posteriormente, la obra maestra del movimiento bolivariano, el inefable Nicolás Maduro. Otros ejemplos de la nueva izquierda latinoamericana son los brasileños Lula da Silva o Dilma Rousseff y el adorable anciano Pepe Mujica.

Venezuela es el paraíso bolivariano por excelencia y también es el ejemplo de como las políticas populistas que defiende el progre pueden desencadenar una progresiva pérdida de la calidad democrática y dejar a un país al borde de convertirse en un Estado fallido. Desgraciadamente, Venezuela, por la gracia de Chávez y Maduro, es hoy en día un país que vive en permanente represión y con la amenaza de que en cualquier momento estalle una guerra civil con unas consecuencias terribles para la población local y para la estabilidad política del continente. Los opositores al gobierno son encarcelados, hay carestía de productos de primera necesidad y alimentos, las elecciones están siempre bajo sospecha... En Venezuela se dan una serie de condicionantes que deben provocar una revisión del modelo de gobierno, pero sus dirigentes viven con los ojos cerrados, agarrados a su bastón de mando, y se limitan a culpabilizar al imperialismo yanqui e incluso a España de los males que aquejan a la sociedad.

En algún capítulo anterior hemos advertido que al progre le gusta el poder y que una vez lo consigue intentará perpetuarse en él de forma indefinida. El comandante (apréciese la ironía democrática) Hugo Chávez intentó acceder al poder en 1992 a través de un golpe de Estado, pero fracasó estrepitosamente. Tras ser amnistiado, lo alcanzó en las elecciones de 1998 y murió siendo todavía el máximo mandatario de Venezuela, en marzo de 2013. Entre medias, multitud de reformas legislativas que le permitieron perpetuarse en el poder y sobre todo una radicalización de su proyecto de gobierno a partir de 2004, después de superar un cuanto menos sospechoso referéndum sobre su continuidad al frente del país. No contento con ejercer como presidente hasta su muerte, tras su fallecimiento dejó como regalo a sus conciudadanos el ascenso al poder de su compinche Nicolás Maduro.

Aunque revestidos de un tinte democrático, en muchas ocasiones falso, los gobiernos bolivarianos terminan convirtiéndose en regímenes totalitarios que calcan las actitudes de personajes históricos denostados como el líder nazi, Adolf Hitler. Tal como los buitres huelen la carroña, los bolivarianos han accedido al poder precedidos de un contexto de crisis social y económica. Nada que no se hubiera visto antes en Europa, aunque ahora también parezca que se ha olvidado.

Durante años los gobiernos de muchos países de Latinoamérica han estado infectados por la corrupción política y en las manos de dirigentes que han pensado más en su interés que en el desarrollo de su país. En estas circunstancias el discurso del bolivariano, más enfocado hacia la emoción que a la razón, cala en una sociedad ávida de encontrar una respuesta a sus problemas. Ese tinte populista que sabe lanzar el mensaje que la gente quiere escuchar es otra de las características que define estos movimientos.

El discurso populista unido a la base socialista y al fervor nacionalista contra Estados Unidos son los elementos que más han seducido al progre. No sólo seducido, sino que en ocasiones han sido un foco para promocionar a líderes políticos de nuevo cuño. Esta circunstancia nos lleva directamente a otro de los factores diferenciales de los bolivarianos: su intención no es local sino global y por ello tienden a extenderse como el virus de una enfermedad contagiosa. En América Latina ha contagiado a países como Ecuador y Bolivia y amenaza a otros como Colombia. En menor medida ha infectado a Brasil y a Uruguay, e incluso ha cruzado el Atlántico, siendo clave en el nacimiento de movimientos políticos en España (Podemos) y Grecia (Syriza).

El partido político Podemos es quizá el mejor ejemplo, aunque parece que la salud democrática de España todavía es lo suficientemente fuerte como para resistir sus furiosos embates. Hay graves sospechas de que esta formación haya contado con financiación directa procedente del gobierno venezolano, lo que evidencia el ansia de poder de los bolivarianos. Aunque hay características diferenciales, comparten una manera de entender la política y el modelo social. Creo que basta mirar la situación de Venezuela para saber lo que es capaz de producir el paraíso para los progres, el desastre para muchos.

10

La igualdad

La igualdad, de la que tanto he hablado a lo largo de estas páginas, puede ser definida, sin entrar en mejores y más precisas definiciones académicas, como una condición natural del ser humano que le hace merecedor de un trato similar a otro en unas circunstancias y en un momento determinados.

La igualdad es preexistente al ser humano, de tal forma que todos nacemos iguales, o formalmente iguales, puesto que el propio lugar, forma, familia o incluso las capacidades con las que nacemos nos hacen también naturalmente diferentes, lo cual es positivo, es parte de la riqueza de nuestras sociedades, y también, lo que diferencia unas de otras. Hago esta precisión por cuestiones que, si bien comentaremos a lo largo de este capítulo, es preciso matizar ya aunque sea brevemente. Es preciso sentar ya la distinción entre la igualdad formal y la material, máxime cuando todo buen progre tiende por naturaleza a confundirlas y a pretender que todos seamos material y formalmente iguales, no sólo entre grupos sociales más o menos homogéneos —no iguales—, sino también entre sociedades que no lo son, incluso que tienen raíces o culturas diferentes. Eso es lo que les permite, en su infinita soberbia buenista, arrogarse la facultad de decidir cuándo una persona es tratada de forma desigual y cuando no.

De ahí que a los ojos de un progre cualquier mujer que no

tenga a su alcance lo mismo que un hombre esté discriminada, salvo que hablemos de mujeres que por imposición religiosa o social —y siempre que esa sociedad sea de algún país de Oriente Próximo— son obligadas a determinados comportamientos, en cuyo caso es algo perfectamente respetable porque existen unas naturales diferencias, o eso suponemos porque no abundan las manifestaciones de progres en estos supuestos.

Volviendo a la conceptualización anterior, una definición tan genérica como ambigua como la que hemos planteado encierra en sí misma distintos matices, como el que acabamos de hacer, pero lo que no debiera ser objeto de duda es que la igualdad encierra una exigencia de trato similar o igual —con matices, como desarrollaremos— a dos personas. Y digo similar de forma deliberada, ya que un tratamiento tal implica tener en consideración las diferencias también naturales entre individuos.

Si pensamos en un primigenio estado de naturaleza es un hecho evidente, incluso aunque seas progre, que todos los hombres nacen iguales en cuanto hombres, de ahí que posean unos derechos naturales que incluso les preexisten, como la libertad, la vida y su propia conservación y la propiedad.

Esto es, el hombre, como tal, nace libre y tiene en sí mismo poder para conservar tanto su propia vida como sus posesiones, entendiendo por esto tanto lo que adquiera o gane como lo que genere con su trabajo.

Si bien todos los hombres nacen iguales en tanto hombres en los derechos mencionados, no lo son —ni lo serán nunca, volviendo a la diferencia entre una igualdad formal y una igualdad material— en cuanto a sus diferentes aptitudes, capacidades o incluso posesiones. Son por tanto formalmente iguales, pero nunca materialmente iguales.

Si pensamos en sus capacidades, por ejemplo, unos será más fuertes, otros más ágiles, otros más inteligentes, otros más capaces, cada uno con un talento distinto que lo hace único frente al resto, y todos importantes en cuanto todas y cada una de sus capacidades son necesarias para la vida en sociedad. Si pretendiéramos tener una sociedad donde todos fuéramos exactamente iguales, ¿cómo podríamos hacer frente a situaciones para las que no se tiene capacidad, por ejemplo? O si pretendemos hacer al fuerte también el más ágil, y al más ágil el más fuerte, es bastante probable que si no fracasamos mermemos las capacidades naturales de uno y otro. En cambio, si aceptamos esa natural diferencia y hacemos que cada uno de ellos desarrolle su mayor y mejor virtud, conseguiremos mejores beneficios para todos, aun cuando ello pueda parecer contradictorio. Esto, de hecho, ha sido desarrollado por la teoría del egoísmo razonable, que no viene sino a desarrollar una idea clásica: si todos tendemos a nuestro mejor bien, a nuestra mejor potencialidad, todos saldremos beneficiados.

Esto podríamos hacérselo entender a un progre en un lenguaje que comprenda sustituyendo los términos por colaboración. Ellos, al hablar de economía colaborativa, por ejemplo, piensan en una suerte de comunidad donde se ponen bienes en común. De alguna forma, y salvando las distancias conceptuales, responde a un fin similar, si bien las consecuencias son distintas. Así, en esos «ideales» cooperativos el fin es que todos tengamos la misma cantidad de todo; en cambio, si hablamos de potenciar talentos o habilidades buscamos que cada uno sea el mejor en lo suyo y nos beneficiemos indirectamente todos, ya que en lo que no lo somos necesitaremos contar con otros. De esta forma, cada uno aportaría, o contribuiría —a un progre podemos explicárselo también así dado el caso— según sabe y puede hacer pero sin negar nunca la diferencia y, por tanto, sin negar también que incluso unos puedan poseer más que otros.

Buscaríamos, en definitiva, lograr nuestra máxima potencialidad, ser lo mejor que podamos ser. Buscaríamos la excelencia, uno de esos conceptos que, como a estas alturas ya sabemos, el progre desprecia por cuanto parte de asumir que si la excelencia supone una diferenciación por mejores capacidades o por haber conseguido desarrollarlas, ello sólo ocurre porque se ha descuidado la equidad en el acceso, entendiendo siempre la equidad como sinónimo de igualdad, como veremos luego. Un clásico en el lenguaje progre y una confusión de conceptos bastante notable.

Las imágenes literarias son un buen recurso en cualquier discusión con un progre sobre estos temas para poner de manifiesto sus contradicciones; cuestión distinta será que llegue a reconocerlas. De entre ellas, la más llamativa es cómo la búsqueda de esa pretendida igualdad les lleva a la desigualdad. Ahora bien, al igual que ocurre con los ejemplos cinematográficos a los que aludíamos antes, ha de poner usted en duda, querido lector, que haya comprendido bien el mensaje del libro, máxime viendo cómo recurren a ellas, o cómo no dudan en lucir bajo el brazo novelas distópicas como *Un mundo feliz*, u otras como *El señor de las moscas* o incluso *Rebelión en la granja*, sin vacilar un segundo en hacerlo. De hecho, Orwell es el mejor ejemplo de un escritor mal entendido por un progre, al tiempo que es uno de los más leídos. Así, en algunos países europeos mediterráneos como España se esgrime como un autor contrario a los totalitarismos buscando la identificación sólo con el franquismo, obviando que su crítica no es sólo al franquismo, sino a los totalitarismos cualquiera que sea su fundamentación —si bien los europeos responden, con matices, todos a la misma corriente—. Obvian en cambio estos ávidos lectores la profunda crítica que realiza este autor al estalinismo y las formas del partido comunista, en *Homenaje a Cataluña*. Pero es que esto no le interesa al buen progre, y lo que no le interesa no existe, del mismo modo que el *homo videns* de Sartori no conoce lo que no ve.

La novela de Golding es un ejemplo perfecto de lo que veníamos comentando, y, sin entrar en detalles, retomamos la idea de cómo se produce la articulación natural en un «estado de naturaleza». Con el devenir de los días cada niño termina no sólo ocupando su lugar y desarrollando su papel en sociedad que naturalmente le viene asignado, sino que trata de preservar, frente a las agresiones, lo que le da sentido a todo: la libertad, el principal valor y derecho del ser humano.

Con esta idea de que se trate de preservar el lugar que a uno le ha sido asignado, o desarrollar toda su potencialidad, no queremos caer en la trampa de pensar que somos presa de un determinismo biológico que nos impide alcanzar otras metas, pero sí que tenemos una serie de talentos naturales. El que los usemos y nos esforcemos incluso por cambiar la situación es lo que va a determinar que nuestro papel sea mejor o peor, o más o menos valioso en una sociedad. Si fuéramos progres, como veremos ahora, dejaríamos esta posibilidad de superarlo al Estado, téngalo usted en cuenta si habla con uno. Recuerde: frente al esfuerzo, la dedicación o el deseo de mejorar, ellos prefieren la subvención para los temas económicos y la discriminación positiva para los sociales y políticos.

El progre está convencido de que puede construir un mundo feliz al modo del de la novela de Huxley. Este libro, para un progre, sólo encierra una crítica al consumismo y al capitalismo, pero obvian cómo se llega a él, al modo de un progre, que es controlando y dirigiendo. Así, si releemos el libro, veremos como para asegurar el bienestar y la felicidad —conceptos unidos para ellos— de los individuos es necesario controlar a la sociedad, limitar la libertad de elección y no menos la de expresión. ¿Y quién puede decidir en lugar del individuo?, ¿nos resulta familiar? Estremecedor.

Volvemos a un tema que ya hemos mencionado, la libertad y cómo la igualdad mal entendida de los progres, sobre todo en su versión radicalizada populista, llega completamente a cercenarla hasta el punto de considerar, como rezaba el único mandamiento que los cerdos de la granja de Orwell mantienen una vez se han hecho con todo el poder, que «todos los animales son iguales, pero unos son más iguales que otros».

Ambas novelas, desde la distopía o la sátira, representan el gran riesgo que tiene la limitación de la libertad individual. Si bien somos conscientes de que hemos llevado el ejemplo al extremo, no es menos cierto que se comienza por limitar por vía de la ayuda para el logro de la libertad de los individuos, y se termina por cercenarla y por considerar que unas personas tienen mayor o mejor derecho a ser iguales que otros.

Dicho de otra forma, se niega la libertad individual natural, se minusvaloran incluso los talentos que hacen que todos seamos diferentes y unos mejores que otros en pro de un igualitarismo que perversamente conduce a una falta de igualdad peor que la que trataba de superar, y digo peor porque en este caso está, además, apoyada por la fuerza de la ley y la capacidad coercitiva de los Estados.

Ambas toman como referencia la consecución de un mundo ideal que pasa por la negación de la individualidad y de la posibilidad de cambio y mejora gracias al esfuerzo y el trabajo; la asignación de individuos a categorías o colectivos previamente determinados por aquella institución o individuo que ocupa el poder, que también determinará cuáles necesitan de su mayor protección, lo que, aun cuando no fuera su intención —o sí, no neguemos nunca la perversidad disfrazada de bondad del progre, al fin y al cabo tienen también los aspectos más perversos del ser humano aun cuando ellos se consideren ungidos—, se traduce en una estratificación social de similares, o peores, características que aquella que se supone que combaten y que les lleva a erigirse en jueces de la igualdad.

La prueba de que el igualitarismo no funciona y de que la estratificación y la limitación de la libertad de los ciudadanos provocan consecuencias nefastas la tenemos en muchos ejemplos a lo largo de la Historia. El último terrible ejemplo, que, además, causó la muerte de miles de personas —todos aquellos contrarios a la doctrina dominante—, el comunismo. Sí, el mismo que determina que en Venezuela, Cuba o Corea del Norte se goza de una extraordinaria calidad de vida y ejemplo de todo buen hacer y, sobre todo, de buen gobierno. El mismo que provoca admiración en todo buen progre y en los que tras buscar el apoyo social para alcanzar el poder —algo habitual en los totalitarismos contemporáneos— segmenten a la sociedad en categorías y limiten su libertad como hacían los cerdos en la granja de Orwell.

La discriminación como efecto perverso de la lucha contra la desigualdad

Esta negación de la diferencia natural entre individuos lleva al progre a provocar la discriminación contra la que pretende luchar por dos vías: la discriminación positiva y la transformación de esa ansiada e irreal igualdad real en igualitarismo. Ambas son igual de dañinas para la igualdad, algo que el progre no termina, o no quiere, comprender, pero sobre todo para la libertad, si bien sabemos que esto último es lo último que les preocupa.

Pensemos en la siguiente situación: dos personas tienen la misma oportunidad de conseguir algo. Ambas tienen las mismas capacidades y gozan del mismo material para llegar. Sin embargo, una de ellas decide no usar nada de eso y no esforzarse por conseguirlo, y en cambio la otra explota esos bienes al máximo y trabaja cada día para ello. ¿Quién sería más lógico que alcanzara dicha meta? ¿Y más justo? ¿Sería justo que a quien no se ha esforzado se le facilitara el camino?

En principio todos contestaríamos que no. Ahora bien, ¿y si uno fuese un hombre y otro una mujer? En ese caso, si es el hombre el que lo consigue, ¿sería justo? La lógica sigue diciendo que sí. ¿Por qué entonces cada vez que una mujer es rechazada para un empleo, o no alcanza un cargo de responsabilidad, consideramos en primer lugar que el motivo es porque es mujer?, ¿no podemos pensar también que es porque no quería llegar?

Si cambiamos el ejemplo y pensamos en deportistas, parece más clara la respuesta. O quizá no, ya que ¿sería acaso justo que deportistas que luchan cada día por entrar en un equipo o ser atletas olímpicos fueran tratados igual que otros que no consiguen dicho mérito? Ambos son deportistas, pero ¿no tiene acaso uno de ellos una mayor consideración en base a sus logros?, ¿no deberíamos tener en cuenta esta distinción que ha obtenido?, ¿qué sentido tiene distinguir a un deportista por su condición de mujer o de refugiado (esto último tan de moda en los últimos tiempos)?, ¿no son acaso todos ellos deportistas? No tiene ningún sentido establecer estas diferencias o considerar que unos por ser refugiados de guerra, otros por ser mujer, u otros por venir de países desfavorecidos tienen que tener un trato desigual, o establecerse competiciones especiales... Al fin y al cabo, todos son deportistas. Evidentemente esto no supone la misma consideración en el caso de un deportista con alguna discapacidad física o motora, por razones evidentes.

El problema del progre, al menos si no ha perdido la cabeza, es que a muchas de estas preguntas contestaría con el dictado de la lógica, salvo que establezcamos diferencias en cuanto a la consecución de méritos por razones de sexo —que no género—, orientación sexual o religión, por ejemplo, en cuyo caso dejan de ver personas y ven a hombres frente a mujeres, a homosexuales frente a heterosexuales, o a católicos frente al resto. Porque en casi todas las cuestiones que consideremos el progre es incapaz de ver personas. Ve categorías, calificativos a los que añade un valor, siendo unos más valiosos que otros según las circunstancias —como ya sabemos, todo para un progre es relativo y depende de lo que le interese defender en ese momento—, y por tanto dignas de mayor protección sobre el amplísimo y en ocasiones ambiguo paraguas de la discriminación positiva.

Las políticas de discriminación positiva tienen su causa en la necesidad de proteger frente a una desventaja de un grupo, lo que ha de ser completamente independiente, o ello sería deseable, de la concepción subjetiva que tengamos sobre un individuo o grupo de ellos. No entramos a discutir su sentido por cuanto, sin entrar en otras precisiones, sí han servido para eliminar determinadas trabas que impedían que una persona por causa debida a su nacimiento, sexo, raza o religión pudiera alcanzar o disfrutar de la plenitud de sus derechos en una sociedad.

En sí misma no es más que una discriminación (es decir, una desigualdad no justificada) admitida por el ordenamiento jurídico en cuanto perseguía con ella un fin mayor, que era evitar una discriminación, y por tanto una diferencia no justificada, que tenía un grupo de personas. Así, por ejemplo, en Estados Unidos las políticas de discriminación positiva que favorecían el acceso de las mujeres, los negros o las minorías étnicas a un puesto de trabajo fueron positivas para su integración social.

Ello no obsta para que el mantenimiento o la prolongación de una situación cuando no existe causa justificada provoque lo contrario, o que, como tantas otras, a cargo de los gestores equivocados provoquen desigualdad entre los individuos. Así, tal y como señala Sowell en su conocido libro *La discriminación positiva en el mundo*, se presta poca atención a las consecuencias, y se continúan las mismas sin analizar y ponderar resultados. Así, un análisis de distintas políticas en distintos países como el que lleva a cabo el profesor Sowell en el libro mencionado nos lleva a concluir con él: «La no consecución de sus objetivos podría ser el menor de los problemas provocados por estos programas. En algunos países la discriminación positiva ha envenenado la relación intergrupal y ha hecho peligrar la estructura de la sociedad»[1] ya que «la propia historia se ha tergiversado para fortalecer determinadas políticas».[2]

Como ya vimos anteriormente, cuando de un progre se trata, tiene que ser siempre el *primus inter pares* en cualquier política que le suponga un rédito, que es como medimos el interés del progre en las cosas. Ya sabemos que si hablamos de ecologismo es el más ecologista, si de pacifismos, el más pacifista, y de feminismo es el más feminista. Al hablar de igualdad es también el que más lucha por el logro de la igualdad de los individuos, aunque ello suponga desvirtuar la igualdad formal de la que hablábamos al comienzo de este capítulo por forzar la material.

La política de cuotas es el culmen del absurdo de estas políticas de discriminación positiva, y no me cabe duda de que es sólo la penúltima manifestación de esa soberbia característica que les hace creer que conocen mejor que otros, en este caso, a las mujeres, sus deseos y sus ambiciones.

Las políticas de cuotas parten de considerar que es necesario reservar unas determinadas posiciones a las mujeres porque ellas no las alcanzan por sí mismas. Lo que no consideran es por qué no las alcanzan. El progre esgrimirá, siempre y en cualquier caso, que el motivo es el machismo lacerante de la sociedad actual, que impide que una mujer alcance un puesto de trabajo o una determinada posición social, de ahí que el Estado tenga que reservarles «su hueco» y protegerlas por tanto frente a la posibilidad de que sea un hombre el que lo usurpe.

Lo que su altanería les impide valorar y analizar —realmente tampoco lo necesitan, son progres— son las causas reales por las

1. Sowell, Thomas, *La discriminación positiva en el mundo*, Gota a Gota Ediciones, Madrid, 2006, p. 42. Es interesante también resaltar la referencia a las políticas de discriminación positiva llevadas a cabo en Malasia que recoge este autor en el capítulo 3 del libro señalado.

2. *Ibid.*, p. 273.

que hoy, no hace veinte, cuarenta o sesenta años, no ocupan determinados puestos en el entorno laboral, por ejemplo. Ni siquiera se plantean que sea la voluntad de las mujeres —no de las feministas militantes— de no desempeñar determinados puestos laborales porque sus prioridades están lejos de coincidir con lo que ello requiere.

Pero lo más absurdo y perverso de esta política de cuotas, sobre todo en materia laboral, es que hemos dejado de valorar a las personas por lo que son, o por lo que pueden aportar a la sociedad, a una empresa o a una institución, y hemos empezado a valorarlas por su sexo, de tal forma que hoy en día tiene que existir un determinado número de mujeres en los consejos de administración, por ejemplo, y de no hacerlo no podrá contratarse para ese puesto vacante a un hombre, aun cuando fuera mucho más valioso y pudiera desempeñar un mejor trabajo que la mujer.

¿No es acaso esta situación más discriminatoria incluso para la mujer que aquella que trataban de evitar?, ¿no resulta acaso injusto que hoy en día se tenga que ver a una mujer que ocupa un determinado puesto de trabajo más como fruto de una cuota que como una persona que tiene esa posición por su propia valía?

Equidad no es igualdad

Una última cuestión a la que muy brevemente queremos hacer mención es a la confusión que tiene todo progre entre la equidad y la igualdad, términos que usan indistintamente, y no lo son.

Pensemos en la siguiente situación en la que dos personas van a escalar una montaña. Una política equitativa les daría a ambas personas una cuerda de igual material, grosor y longitud para que pudieran acometer dicha escalada. No tendría en cuenta circunstancias particulares, simplemente daría un trato equitativo a ambas.

En cambio, si en esa situación al escalador menos hábil se le dice que en lugar de escalar los dos la misma montaña él va a escalar una de menor complejidad y, además, contará con asistencia, la política es obvio que deja de ser equitativa pero un progre la considerará, en su ensoñación igualitaria, como una política positiva que, vía su intervención, ha favorecido que ambos suban la montaña, aunque ello haya supuesto una minusvaloración de una de dichas personas a la que no se dio ni siquiera la oportunidad de intentar escalar la montaña.

Esta confusión de conceptos se ve bien en el ámbito educativo. Cuando un progre habla de desigualdad, en la mayor parte de las ocasiones se está refiriendo a la equidad, pero no porque no exista sino porque emplea indistintamente los términos. Así, una política de becas o ayudas sería una política para favorecer la igualdad, cuando en realidad son políticas equitativas que se adoptan para favorecer la igualdad de oportunidades, lo que no implica la igualación de los individuos.

El absurdo igualitario en materia educativa ha llegado a límites tan absurdos, y valga la redundancia, que se ha considerado contrario a la misma exigir una mínima calificación para acceder a una beca, obviando que precisamente hacerlo es una garantía para asegurar que una persona sin recursos y con aptitudes no se quede fuera del ámbito educativo por carecer de medios. En el mismo sentido, se han llegado a considerar lesivas las políticas de libre elección de centros (sanitarios, educativos, etc.) pero en cambio su razonamiento lógico no considera lesivo que individuos de un mismo país reciban o no prestaciones distintas según la parte del territorio en la que residan. O que puedan estudiar en una o dos lenguas distintas. O incluso el tan manido tema del salario vital que tanto les gusta y que implicaría recibirlo con independencia del nivel de renta, al igual que se hacía en los países que daban cheques para el alquiler o por el nacimiento de hijos, que no discriminaban por nivel de renta y se consideraba una política que favorecía a los desfavorecidos, cuando precisamente ellos eran los que menos ganaban con este tipo de políticas.

Epílogo

El culpable universal (la culpa la tienen otros)

Sí, hay que reconocerlo. Los progres son la bondad hecha persona, y el mundo se merece que sigan ahí defendiendo sus ideas a capa y espada, por tan bien intencionadas como fracasadas sean y por intentar salvarnos cuando nosotros, pobres pecadores, no hacemos nada por enmendar nuestra conducta.

Su fracaso no es culpa suya. No es su culpa no estudiar economía. No es su culpa relacionar lo que ocurre en la realidad cuando sus ideas utópicas han sido puestas en marcha. No es su culpa quedarse en la etapa adolescente del berrinche contra la pobreza de la cual nunca salen porque rehúsan estudiar cómo funciona el crecimiento económico. Es culpa nuestra, como lo es también que no surta efecto ninguna de sus políticas. La culpa es nuestra, es de los otros, y los progres siguen mientras ahí, esforzándose altruistamente por nosotros, y nosotros deberíamos al menos reconocerlo y, por supuesto, quererles y respetarles como son.

Sí, no busquen más, el error es nuestro, de ahí que poco importe que demuestres que sus ideas no son buenas y que no tienen razón, porque a su juicio somos nosotros —el resto— los que no alcanzamos a comprender la realidad y no alcanzamos la plenitud de vida del progre.

A lo largo de estas páginas hemos repasado las principales

bases del pensamiento progre y los fundamentos de sus ideales, pero no se equivoquen, el progre encontrará siempre un culpable al que responsabilizar de sus fracasos. El progre siempre tiene razón y los malos siempre son otros. Muy adulto, ¿no?

Recordemos las palabras de Valentí Puig a las que nos referíamos al principio de estas páginas: «Siempre hay fuerzas exteriores y malignas a las que atribuirles el mal». En un puñado de palabras se encuentra el sentido más primario del progre, que está alerta ante cualquier agresión, entendiendo por agresión que simplemente haya alguien que discrepe de sus ideas.

Las personas que no han caído en las redes de los progres, o aquellos cuya experiencia y el paso de los años les han permitido abandonar la ideología progre, son enemigos que están influenciados por los poderes económicos y los medios de comunicación de masas, no personas a quienes la experiencia les haya hecho evolucionar. El progre es incapaz de pensar que las personas son capaces de desarrollar un sentido crítico y cuestionar el mundo que las rodea, por lo que es más fácil encontrar un enemigo al que responsabilizar antes que plantearse que quizá la equivocación parte de ellos mismos. El progre sólo dejará de ser progre por sí mismo, cuando la experiencia y la realidad entren de bruces en su cabeza. No desesperemos pues, menos si tenemos a algunos de ellos entre los nuestros —seguro que es así—. «La ignorancia se cura viajando», dice un refrán; la «progresía» normalmente también. Por eso yo invito a todos los progres a que le pidan a su agencia de ayuda internacional preferida que lo próximo que les pague sea un billete de avión a Caracas, Venezuela, o a Cienfuegos, Cuba.

A lo largo de los años el progre ha demostrado, y perfeccionado, una habilidad tremenda para encontrar culpables. Además, dispone de una serie de elementos que siempre funcionan como presuntos culpables: Estados Unidos, el capitalismo o el neoliberalismo son los habituales. Porque para el progre todo vale, menos reconocer que quizá son ellos los que meten la pata y los que tienen la culpa de promover una ideología política trasnochada y a todas luces ineficaz. Una ideología deformada en sus fuentes que en su división maniquea del mundo produce enfrentamiento. Y esto segundo es seguramente aún más grave que su incapacidad de gestionar siquiera una junta de vecinos.

La corriente de pensamiento progre marcada por el buenismo, lo políticamente correcto y por la resurrección de muchos preceptos de la izquierda más rancia se ha extendido por el mundo como si fuera una enfermedad gravemente contagiosa, infectando a diferentes capas de la sociedad y anulando la visión crítica y objetiva de la política. Siendo esto último su peor y más grave consecuencia.

El progre presume de una falta de valores que hace muy difícil el diálogo o el consenso; precisamente aquello de lo que presumen es de lo que carecen, y el diálogo y el consenso se transforman en estar conmigo o contra mí. Ello adornado con un programa ideológico que se parece más a una carta a Santa Claus —y Santa Cláusula diría un progre— que a un compendio de políticas sensatas y razonables que se puedan implementar en una sociedad.

El progre recibe muchas denominaciones a lo largo y ancho del mundo, pero, en esencia, un progre es un progre en Madrid, en Buenos Aires, en Quito o en La Paz. Pertenece a una burguesía acomodada aunque se empeñe en no reconocerlo, vive con todas las comodidades que el capitalismo puede ofrecer, pero odia el sistema capitalista casi tanto como a Estados Unidos. Sin embargo, su posicionamiento político tiene más palabras que hechos y bajo un comportamiento de izquierdas se esconde un cinismo absoluto adornado con una hipocresía intolerable. El progre, además, convive con progres y sólo acepta progres en su círculo de confianza porque considera que son los únicos tipos de persona que realmente merecen su compañía.

Para el progre, la coherencia está sobrevalorada y siempre se aplica el refrán que reza: «Que tu mano izquierda no sepa lo que hace tu mano derecha». Evidentemente, con estos principios estar siempre del lado adecuado es mucho más fácil y se puede defender un ecologismo a ultranza viendo en el salón de tu casa un televisor de 50 pulgadas, en un sofá de piel y con una iguana como mascota. Si la actitud del progre únicamente se circunscribe a su propia existencia el mundo podría ser un lugar mejor, pero la incoherencia que se aplica a sí mismo es la vara con la que mide el mundo.

Cómo pueden defender los amigos de la paz mundial la represión que se aplica en dictaduras como la cubana o cómo pueden defender los autodenominados guardianes de la libertad de expresión la censura en Venezuela. Lo que para el resto de la humanidad es un misterio, para el progre es simplemente un modo de vida. Da igual lo que digas, lo que pienses o lo que hagas, el progre siempre tiene razón, aunque defienda una cosa y la contraria.

El progre trata de disfrazar sus reivindicaciones bajo el viejo discurso de la clase obrera, pero es un engaño más. Lo más cerca que ha estado un progre del trabajo duro ha sido en su sofá viendo *Los Juegos del Hambre*. Es mucho más fácil reivindicar cosas a través de tu móvil último modelo y con una cerveza bien fresquita en una terraza. Eso siempre que no haya una buena manifestación en la que poder descargar todas sus frustraciones insultando o destrozando el mobiliario urbano. Es tal su hipocresía, que conozco casos personales de progres que despotrican en las redes sociales contra el mercado con pseudónimos mientras trabajan en bancos, que cobran por clases de yoga a señoras pertenecientes a las familias a las que luego llaman «explotadoras» cuando las critican en sus medios digitales progres, medios que, por cierto, son financiados por George Soros y cuyos directivos viven en las zonas más exclusivas de Guatemala y a quienes comúnmente se ve comiendo en los restaurantes más caros sin que nadie les diga ni pío.

El progre es un artista del postureo que puede sumarse sin disimulo a cualquier moda y que siempre mantiene unos «gustos refinados» que le permiten sentirse, cultural y físicamente, por encima de los demás. Ellos son la medida de todo.

Al igual que adora a todos aquellos mesías que han venido a liberar al mundo de la oscuridad, el progre considera que debe abrir los ojos a la sociedad para conducirla por el buen camino (hasta el precipicio), pero son incapaces de ver que son ellos los que tienen una venda en los ojos que les impide ver el sendero correcto. Para ser un buen progre no importa tanto lo que creas como lo que seas capaz de decir que crees. De ese axioma nacen algunos líderes modernos que repiten el discurso agotado del primer comunismo aun a sabiendas de que nada de lo que dicen es cierto ni puede convertirse en realidad.

En su infinita bondad, y como siempre sabe cuál es la decisión correcta, el progre ansía un mundo donde el individuo no tenga capacidad de decisión y las disyuntivas sean resueltas por una megaestructura estatal. Olvidan el derecho a equivocarse y a rectificar, el aprender a base de la experiencia, porque ellos no necesitan nada de eso, están en posesión de la verdad absoluta. Y sobre todo olvida sus deberes y, por tanto, la responsabilidad de sus actos. Como cualquier niño defenderá a hoz y martillo que tiene derechos y le son usurpados, pero si es un buen progre nunca reclamará un deber ni asumirá la responsabilidad de una acción. Bien pensado, esto es lógico. ¿Para qué ser responsable si la culpa de cualquier acción, acontecimiento o circunstancia la tienen siempre los otros?

El progre anhela un mundo ideal, una tierra pro(gre)metida, un mundo que se rija únicamente por sus preceptos. Su planteamiento teórico y utópico es infinitamente mejor que su aplicación práctica, a todas luces irreal.

Conocerás a un progre cuando las palabras «consenso», «tolerancia», «igualdad» o «justicia social» salgan de su boca a la velocidad de la luz y sirvan para casi cualquier cosa. Es la demostración de cómo el progre es capaz de convertir palabras repletas de significado en meros clichés que aplica indiscriminadamente a cualquier hecho, aunque en el fondo su comportamiento se sitúa muy lejos de la verdadera intención de las citadas palabras, sobre todo de la tolerancia.

El progre no quiere ni necesita acuerdos con los demás porque él siempre tiene razón. Entonces ¿por qué siempre habla sobre la importancia de alcanzar consensos? Se trata de una de las «armas» favoritas de todo buen progre, presume de todo aquello que realmente no quiere. Es el mismo principio que se puede aplicar a la tolerancia. Tanto el consenso como la tolerancia son conceptos de lo que uno puede predicar desde el ejemplo personal, por eso mismo el discurso del progre se descose como un muñeco de trapo cuando de la teoría se pasa a los hechos. Ni el consenso ni la tolerancia forman parte del día a día del progre.

Las modernas sociedades democráticas —o al menos las que trabajan para serlo— ofrecen un panorama sociocultural en el que todas las ideas son respetadas, escuchadas, analizadas, criticadas, discutidas, cuestionadas y finalmente aceptadas o rechazadas. Uno de los principios básicos de cualquier democracia es el respeto y la tolerancia a los demás. Sin embargo, para el progre la tolerancia y el respeto sólo tienen un significado, que se acepten sus propuestas.

Si bien en un debate corriente la incapacidad para alcanzar acuerdos o la falta de respeto hacia las ideas de los demás no deja de ser una mera anécdota, hasta cómica si usted reconoce con qué tipo de persona está hablando, en la arena política la situación adquiere una especial gravedad. Temas como la educación, la sanidad o la política exterior son elementos claves para cualquier país, y lo deseable, aunque siempre hay matices, e incluso inevitables cuestiones ideológicas, es que existe una base común sobre la que llegar a acuerdos y edificar un futuro mejor para los ciudadanos. Sin embargo, el progre no tiene en consideración al conjunto de la ciudadanía porque lo único que busca es el triunfo de sus ideas y la imposición de su pensamiento al resto.

Este rechazo a cualquier propuesta de cualquiera que no sea progre en lo que a la implementación de políticas se refiere, adquiere tintes esperpénticos y pone de manifiesto cómo al progre sólo le preocupa mantener su posición. Llegan incluso, y sin ruborizarse por supuesto, a rechazar políticas y propuestas en estos y otros ámbitos antes siquiera de que se formulen y desarrollen completamente, y por tanto, antes de que se implementen. Es su extraña visión del diálogo, la tolerancia y el consenso.

No faltan motivos ni momentos para preguntarle al progre en estas circunstancias qué no le agrada cuando todavía no se ha implementado y, además, normalmente, protesta; tienen una fase de debate para ello. Pero ellos prefieren siempre solucionarlo al margen del sistema, como ha sido tradicionalmente, y enarbolar el «no» a todo, a cualquier propuesta. Es la forma de dialogar favorita del progre mientras echa la culpa al capitalismo o al neoliberalismo.

Acuérdese siempre, querido lector, de que el progre no dialoga; manipula y confunde, que son cosas bien diferentes. No se puede mantener un diálogo, menos aún constructivo, con alguien que lleva la negación por argumento y que jamás será capaz de cambiar de opinión. Los hechos, los datos y las pruebas sobran en una conversación con un progre.

La cerrazón que domina el pensamiento del progre es sólo comparable con su persistencia en tratar de dar rienda suelta a sus elucubraciones. Al contrario de lo que piensan los progres, una persona no es más dialogante porque hable más, una persona dialogante es, sobre todo, capaz de escuchar y someter a análisis los comentarios de su interlocutor. Tampoco tienen mayor razón porque eleve el tono, grite o incluso insulte. De hecho, recuerde siempre que un progre, por ejemplo, nunca le insulta, se expresa. Ahora, no intente hacer usted lo mismo.

Seguro que muchos de ustedes habrán visto alguna vez esas muñecas que tenían un botón en la espalda y al pulsarlo repetían sin cesar cuatro o cinco frases. El progre funciona de la misma manera aunque no tenga botón. En su conversión a progre, es un elemento esencial aprenderse cuatro o cinco frases formadas con palabras rimbombantes y que tengan la peculiaridad de poder soltarse ante casi cualquier situación. Casi como los eslóganes comerciales, el progre «vende» su producto como aquellos viejos vendedores con remedios milagrosos que todo lo curaban. Si quiere comprobarlo, aquí le dejo algunos debates que he mantenido a lo largo de Iberoamérica con varios progres:

En Uruguay con el diputado de Frente Amplio Gonzalo Civila:

<https://www.youtube.com/watch?v=V_eVoE5zagU>.

En Guatemala con Mynor Alonzo, líder del movimiento progre de la Universidad Estatal:

<https://www.youtube.com/watch?v=iB0oUeWH_XM>.

En Argentina con la diputada kirchnerista María Luz Alonso:
<https://www.youtube.com/watch?v=-Pj7bK2ERew>.

Una de esas frases milagro es la «justicia social», un concepto complejo que el progre ha amoldado a sus intereses buscando, en la mayoría de los casos, espolear el sentimiento de indignación que en determinadas situaciones puede anidar entre las clases más desfavorecidas. El progre no pretende el crecimiento de las personas sino que para él las clases bajas son simplemente una herramienta que utilizar para alcanzar de la manera más rápida posible el sillón presidencial. De ahí su irrefutable interés en controlar la educación. La prueba de ello es que no hay más que ver, u oír, a un progre hablando de educación (de otros temas de contenido social también) para darse cuenta de que no tienen una sola propuesta. Salvo que entendamos por propuesta cuestiones como el debate internacional generado actualmente sobre la conveniencia o no de hacer deberes en casa —una indudable prioridad para los maltrechos sistemas educativos del mundo—, o bien la reiteración constante de políticas y medidas fracasadas que sólo traen problemas, deficiencias, inequidades y fracaso cada vez que las ponen en práctica.

La perversión que el progre hace de la democracia para poder alcanzar el poder llega hasta lo que quizá sea el elemento más representativo de este sistema político que es la cita de los ciudadanos con las urnas para depositar su voto. La apertura de una campaña electoral emociona al progre más que la victoria de su equipo deportivo favorito ya que es una oportunidad única para poner en práctica todas sus malas artes. A un lado y otro del océano tenemos ejemplos de que la ciudadanía suele apostar el futuro de su país a propuestas más sensatas que las que plantean los progres y eso crea en el movimiento progre un sentimiento de frustración y rabia que suele explotar a través de las redes sociales con descalificaciones hacia la sociedad en la que vive y cuestionando su capacidad intelectual. Para un progre, que el resto de los conciudadanos no elija sus propuestas sólo es entendible partiendo de la premisa de que el resto de la sociedad es idiota. Quizá debería reflexionar y buscar al idiota un poco más cerca.

Otra cuestión relevante es la intención del progre de que cada vez más asuntos se decidan por la vía del referéndum. Esta cuestión no es sino un ejemplo más del poco sentido democrático que tienen las personas que forman parte de esta corriente de pensamiento. ¿Toda decisión debe pasar por las urnas? En una sociedad democrática la soberanía pertenece a la ciudadanía y se articulan los mecanismos para elegir unos representantes que encarnan su poder y a los que se hace depositario de esa soberanía por vía de la representación. Si todo lo decidimos por referéndums no harían falta los Parlamentos. Pero ocurre otra circunstancia, someter todo a referéndum, como en la perfección de su ensoñación estatal pretenden, no sólo vuelve el día a día ingobernable, sino que puede derivar en que la toma de decisiones recaiga directamente en los ciudadanos, que, en una situación de información incompleta, se ven obligados a decidir sin tener toda la información. Y lo que es más, traslada a los ciudadanos la toma de decisiones del poder público.

No obstante, a pesar de lo mucho que repiten esta idea, incluso ellos saben bien que es inviable. Y, además, tampoco quieren eso ya que muchos de sus integrantes podrían quedarse sin formar parte de la realidad política y con el tiempo estarían condenados a desaparecer.

Analizando su comportamiento, la única utilidad que los progres conceden a las urnas es la de aprovechar la debilidad que pueda haber en una sociedad para alcanzar el poder y, una vez sentados en el sillón de mando, agarrarse a él hasta el fin de los días. Desgraciadamente, la Historia nos muestra muchos ejemplos que corroboran estas palabras, aunque no es necesario trasladarse a la Europa de entreguerras para comprobarlo, basta con mirar al otro lado del Atlántico.

A lo largo de estas páginas hemos ofrecido al lector una serie de consejos que pueden ayudar a la identificación del progre. Todos pueden resumirse en uno: el progre jamás se equivoca y, aunque diga lo contrario, es un apasionado amante del dinero por encima de todas las cosas. Eso sí, tenga en cuenta que el progre quiere el dinero para sí, quiere el suyo, el tuyo y el de todos los demás, y si no lo consigue, no se preocupe que poco tardará en descalificar y menospreciar a todo el que haya alcanzado una posición más o menos acomodada gracias al trabajo duro que ha desempeñado durante décadas.

Si aún tiene dudas sobre cómo diferenciarlo, vaya, querido lector, a una manifestación y allí encontrará a un buen progre. Seguramente lucirá un aspecto desaliñado y llevará un megáfono en mano o en su defecto una pancarta. Fíjese un poco más y verá detrás de ese disfraz ropa de las marcas de moda, seguramente un reloj caro, y no faltará un móvil último modelo. Ahora bien, no se deje engañar por la pancarta, es un progre y pueden defender sin rubor una cosa y la contraria.

«Quien a los veinte años no sea revolucionario no tiene corazón, y quien a los cuarenta lo siga siendo, no tiene cabeza», es una frase que adjudican a Winston Churchill, a Pedro el Grande, a Joan Manuel Serrat y a muchos más.

Es la indignación que ocasiona la pobreza la que a todos en la adolescencia nos ha llevado con el corazón a preocuparnos por acabar con ella. Pero tener corazón es no ser hipócrita. Tener corazón es desarrollar empatía. Tener corazón es comprometerse con la causa y dedicarle tiempo y estudio al tema. Por eso quien realmente tiene corazón no busca la revolución violenta que aniquile el más fundamental de todos los derechos: el derecho a la vida.

Por el contrario, quien realmente tiene corazón busca la revolución de las ideas. Y quien realmente busca un cambio, es capaz de absorber los resultados que ciertas ideas tienen en la práctica y siempre reconoce cuando las mismas no dieron los frutos esperados. Por eso, el revolucionario que empieza con un corazón puro, siempre prestará atención a la evolución de las ideas y no al reciclaje de ideas obsoletas en nuevos paquetes. Ahí es donde entra la cabeza. Porque la cabeza canaliza con eficiencia la dignidad que el corazón busca.

Y en un mundo donde lo que abundan son las ideas progres implementadas, y progres que gritan que son minoría cuando son la basta mayoría, el verdadero revolucionario será el que persevere en la batalla de las ideas, llevando las suyas a las últimas consecuencias lógicas, siempre cuestionándose, estudiando y defendiendo al individuo como la minoría más pequeña que existe, y a su vida, a su libertad y a sus proyectos personales como sus derechos por nacimiento.

Bibliografía

Acemoglu, Daron, y James A. Robinson (2012), *Por qué fracasan los países*, Barcelona, Deusto.

Álvarez, Gloria, y Axel Kaiser (2016), *El engaño populista: por qué se arruinan nuestros países y cómo rescatarlos*, Barcelona, Deusto.

Arendt, Hannah (2006), *Los orígenes del totalitarismo*, Madrid, Alianza.

Arias Maldonado, Manuel (2016), *La democracia sentimental. Política y emociones en el siglo XXI*, Madrid, Página Indómita.

Aristóteles (2014), *Ética a Nicómaco*, Madrid, Gredos.

— (2011), *Política*, Barcelona, Colección Austral, Espasa Calpe.

Bastiat, Frédéric (2005), *La ley*, Madrid, Alianza.

Blanco, María (2014), *Las tribus liberales: una deconstrucción de la mitología liberal*, Barcelona, Deusto.

Bradbury, Ray (2015), *Fahrenheit 451*, Barcelona, Debolsillo.

Carrère d'Encausse, Hélène (2016), *Seis años que cambiaron el mundo: 1985-1991, la caída del imperio soviético*, Barcelona, Ariel.

Castells, Manuel (2015), *Redes de indignación y esperanza: los movimientos sociales en la era de internet*, Madrid, Alianza.

Chabon, Michael (2008), *Las asombrosas aventuras de Kavalier and Clay*, Barcelona, Debolsillo.

Chomsky, Noam (2012), *La (des)educación*, Barcelona, Colección Austral, Espasa Calpe.

Coulter, Ann (2005), *How to Talk to a Liberal (If You Must): The World According to Ann Coulter*, Nueva York, Three Rivers Press.

Fallaci, Oriana (2002), *La rabia y el orgullo*, Madrid, La esfera de los libros.
— (2004), *La fuerza de la razón*, Madrid, La esfera de los libros.
— (2005), *Oriana Fallaci se entrevista a sí misma: el Apocalipsis*, Madrid, La esfera de los libros.
Galeano, Eduardo (2009), *Las venas abiertas de América Latina*, Madrid, Siglo XXI.
Golding, William (2010), *El señor de las moscas*, Madrid, Alianza.
Gore, Al (2009), *Una verdad incómoda*, Barcelona, Gedisa.
Gramsci, Antonio (2011), *Odio a los indiferentes*, Barcelona, Ariel.
Hamilton, Alexander, James Madison, y John Jay (2015), *El federalista*, Madrid, Clásicos del pensamiento político, Akal.
Hayek, Friedrich A. (2011), *Camino de servidumbre*, Madrid, Libro de bolsillo, Alianza.
— (2014), *Derecho, legislación y libertad*, Madrid, Unión editorial.
Hessel, Stéphane (2011), *¡Indignaos!*, Barcelona, Destino.
Hobbes, Thomas (2013), *Del ciudadano y Leviatán*, Madrid, Clásicos del pensamiento, Tecnos.
Houellebecq, Michel (2016), *Sumisión*, Barcelona, Anagrama.
Humboldt, Wilhelm von (2009), *Los límites de la acción del Estado*, Tecnos, Clásicos del pensamiento.
Huntington, Samuel P. (2014), *El choque de civilizaciones y la reconfiguración del orden mundial*, Barcelona, Paidós.
Huxley, Aldous (2014), *Un mundo feliz*, Barcelona, Debolsillo.
Ignatieff, Michael (2014), *Fuego y cenizas. Éxito y fracaso en la política*, Barcelona, Taurus.
Innerarity, Daniel (2015), *La política en tiempos de indignación*, Barcelona, Galaxia Gutenberg.
Jouvenel, Bertrand de (2010), *La ética de la redistribución*, Madrid, Katz.
Judt, Tony (2011), *Algo va mal*, Barcelona, Taurus.
Kaiser, Axel (2017), *La tiranía de la igualdad*, Barcelona, Deusto.
Ketcham, R. (ed.) (1996), *Escritos antifederalistas y debates de la convención constitucional de Estados Unidos*, Barcelona, Hacer.
Lacalle, Daniel (2013), *Nosotros, los mercados*, Barcelona, Deusto.
Lenin (2012), *El estado y la revolución*, Madrid, Alianza.
Locke, John (2014), *Tratado sobre el gobierno civil*, Madrid, Alianza.
Luxemburgo, Rosa (2014), *Reforma o revolución*, Madrid, Akal.
Maquiavelo, Nicolás (2010), *El príncipe*, Madrid, Akal.

Marx, Karl (2010), *El capital: crítica de la economía política*, Madrid, Alianza.

Marx & Engels (2004), *Manifiesto comunista*, Madrid, Akal.

Mendoza, Plinio Apuleyo (2007), *El regreso del perfecto idiota*, Barcelona, Debate.

Mendoza, Plinio Apuleyo, Carlos Alberto Montaner y Álvaro Vargas Llosa (1996). *Manual del perfecto idiota latinoamericano*, Madrid, Plaza y Janés.

Mises, Ludwig von (2009), *El socialismo*, Madrid, Unión editorial.

Molina, Pablo, y Fernando Díaz Villanueva, *Enziklopedia perroflauta*, libro en formato digital.

Negro Konrad, Almudena, y Jorge Vilches (2017), *Contra la socialdemocracia: una defensa de la libertad*, Barcelona, Deusto.

Orwell, George (2013), *1984*, Barcelona, Debolsillo.

— (2013), *Rebelión en la granja*, Barcelona, Debolsillo.

Pieper, Josef (1998), *El ocio y la vida intelectual*, Madrid, Rialp.

Piketty, Thomas (2015), *El capital en el siglo XXI*, Madrid, RBA.

— (2015), *La economía de las desigualdades*, Madrid, Colección Argumentos, Anagrama.

Platón (2011), *La república*, Barcelona, Colección Austral, Espasa Calpe.

Popper, Karl (2017), *La sociedad abierta y sus enemigos*, Barcelona, Paidós.

Rallo, Juan Ramón (2015), *Contra la renta básica*, Barcelona, Deusto.

Rand, Ayn (2008), *El manantial*, Buenos Aires, Grito Sagrado.

— (2013), *La rebelión de Atlas*, Buenos Aires, Grito Sagrado.

Rodríguez Braun, Carlos (2008), *Tonterías económicas*, Madrid, Lid.

Rodríguez Braun, Carlos, y Juan Ramón Rallo (2011), *El liberalismo no es pecado. La economía en cinco lecciones*, Barcelona, Deusto.

Rojas, Mauricio (2010), *Reinventar el Estado del Bienestar*, Madrid, Gota a Gota Ediciones.

— (2016), *Suecia: el otro modelo. Del Estado benefactor al Estado solidario*, libro en formato digital.

Rothbard, Murray N. (2013), *Hacia una nueva libertad. El manifiesto libertario*, Buenos Aires, Grito Sagrado.

Sartori, Giovanni (2007), *¿Qué es la democracia?*, Madrid, Taurus.

— (2012), *Homo videns: la sociedad teledirigida*, Madrid, Taurus.

Sen, Amartya (2010), *La idea de la justicia*, Madrid, Taurus.

Sevilla, Jordi (2012), *La economía en dos tardes: Un manual para todos, incluidos presidentes del Gobierno*, Barcelona, Deusto.

Smith, Adam (2011), *La riqueza de las naciones: Libros I-II-III y selección de los Libros IV y V*, Madrid, Alianza.

Solzhenitsyn, Alexander (2015), *Archipiélago Gulag*, Barcelona, Tusquets.

Sowell, Thomas (2014), *La discriminación positiva en el mundo*, Madrid, Gota a Gota Ediciones.

Stiglitz, Joseph E (2015), *El precio de la desigualdad: el 1% de la población tiene lo que el 99% necesita*, Barcelona, Debolsillo.

Tocqueville, Alexis de (2008), *La democracia en América*, Madrid, Akal.

Weiller, C. P. (2014), *La tiranía de los imbéciles*, Palma de Mallorca, Novum Publishing.

Zedong, Mao (2014), *El libro rojo*, Sevilla, Espuela de Plata.